# 一人旅の愉しみ

## アフリカからイランまで

松浦たか子

生活思想社

この一書を昨年亡くなられた、恩師の原ひろ子先生に捧げる風景というものに、人が真に感動できるのは、三〇代前半くらいまでかもしれない。それを過ぎると、感受性というようなものが干からびてしまい（たとえばそれは、大好きだった音楽に聴き飽きてしまうときがくるように）、そうなった人は、どんなに美しい、他の人が感激しているような風景に出会ったとしても、心からの感動はもはや得られないものなのかもしれない。少なくとも、私の場合はそんなことがいえるような気がする。

そもそも風景というものが、人に感動を与えるものとして、それに敏感な人と、鈍感な人がいる。私はと言えば、三〇代前半までは、瑞々しい感受性を持っていたらしいが、その後ではどうも鈍感になっていったようだ。どんな風景にも心が動くということが少なくなっていったようである。私には、かつて世界を旅しながら感動した風景との出会いがあった。あの感動を思い出しながら、当時のメモと記憶を頼りに紀行文を書いてみることにしたのである。

この話は、私が二〇歳の時に初めて訪れたアフリカ横断の旅から始めようと思う。話の順番が時系列でないのは、お許し願いたい。また本文中の各国の地名表記などは、必ずしも「外来語の表記」（平成三年内閣告示）に準じてはいない、私なりの表記であることをお断りしておく。

# 一人旅の愉しみ――目次

## ギリシャ・その他の一人旅　73

# タイ・マレーシア紀行　109

写真提供（21頁・26頁・28頁）＝伊藤幸司

# アフリカ横断の旅

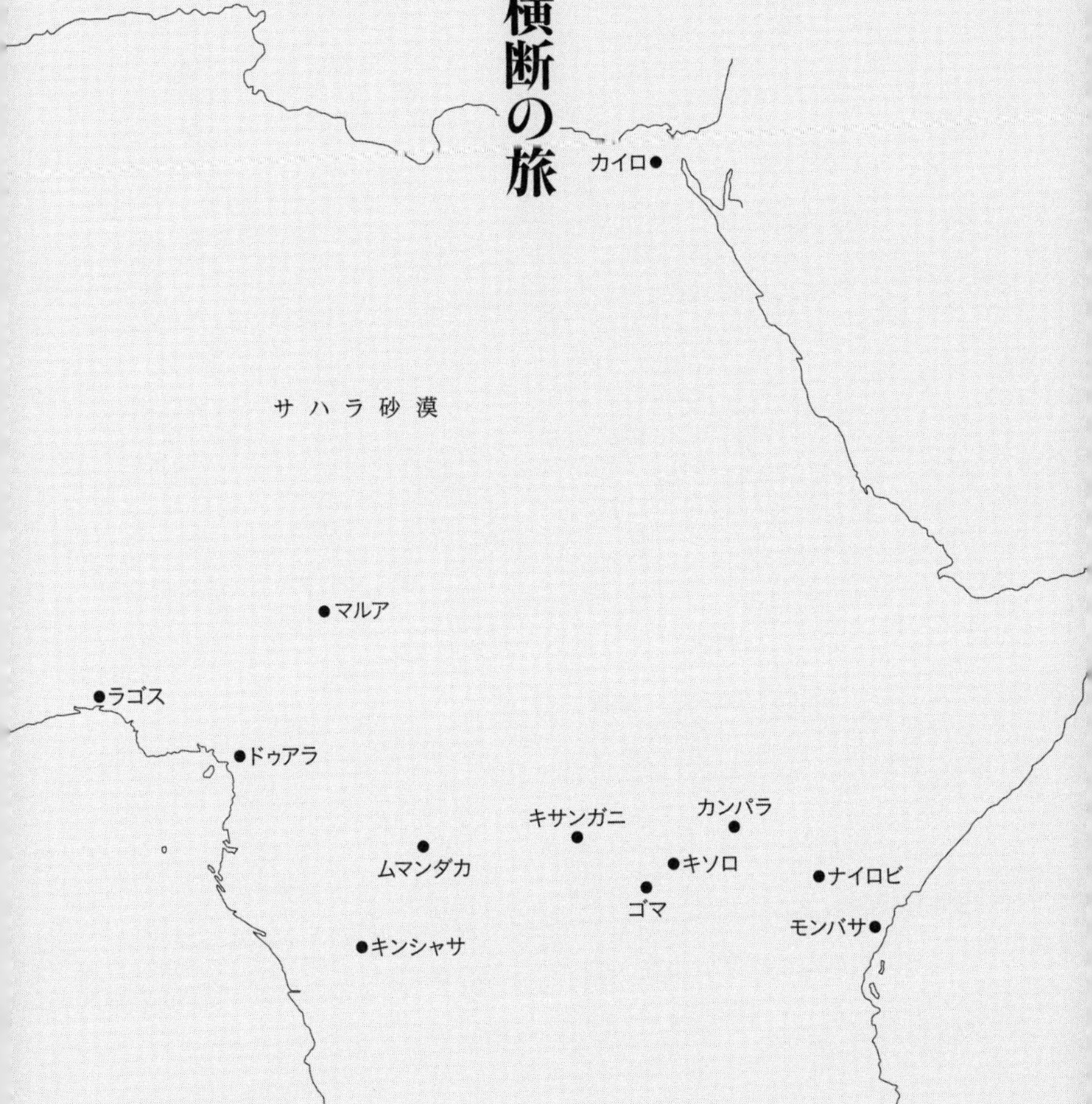
カイロ
サハラ砂漠
マルア
ラゴス
ドゥアラ
キサンガニ
カンパラ
ムマンダカ
キソロ
ナイロビ
ゴマ
モンバサ
キンシャサ

## 高級ホテルは何かの間違い

**一九七二年七月**　総勢二〇人で私たちはアフリカへと旅立った。私の初めての海外旅行である。私は新聞の広告を見て参加を決めたのである。参加者は一応の面談を受けて、合格した人たちである。

さて、出発当日、羽田空港に到着してみると、メンバーは、女性一二人、男性はリーダーの伊藤さんを含めて八人、さすがアフリカ旅行をめざすと言うだけあってユニークな人ばかりだった。どうユニークだったかは後々に出てくる。

南回りのルートで、飛行機が香港、バンコック、シンガポールで止まり、その都度、食事が出てきたのには閉口した。ヒマラヤ山脈をひとっ飛びする。後ろから「雲の中から、仙人が飛び出して来るみたいね」と声を掛けられた。後ろを見ると、ギョロ目の髪の長い女性、仲間の一人である。どうやら友人と二人でこの旅に参加したようだった。

明け方、カイロ到着後、バスに乗せられて着いた先はシェラトンホテルという高級ホテルだった。私たちのような貧乏旅行の面々には不釣り合いな場所である。「何かの間違いでは」とリーダーの伊藤さんが心配する。しかし問い合わせるにも旅行会社の人はいない。広々とした食堂で、ジャムやバターも豊富な朝食を済ませると、取りあえず銘々の部屋に引き取って、昼寝をする。長旅で疲れていたと見え、私はすぐにぐっすりと寝てしまった。一時間ほどして目覚めると、外からの人の声やら車の喧騒やら、様々な騒音が聞こえる。夢見心地でそれを聞いているうちに、「ああ、とんでもない所に来てしまった」という実感が湧く。そうこうしているうちに、相部屋の田上さんに起こされて、全員が下のロビーに集まり、日本人の旅行会社の人に会う。明日は別のもっと安いホテルに移るのだ、と聞かされる。やはり手違いであったようだ。

午後からは観光を楽しんだ。まずはピラミッド行き。大小三つのピラミッドが並んで立つ場所に行く。スフィンクスも近くにあった。一番大きなピラミッドの中に入ると、独特な臭いがした。エジプトの墓の臭いとはこうしたものか、と思う。(今では中に入れない。)

鼻の欠けたスフィンクス、ナポレオンの軍隊にやられたものだという。軍隊では面白半分にスフィンクスを銃の標的にしたのだ。

次に向かったのは、カイロ博物館。本当はすごい物が並んでいるのだろうが、ガイドの英語にはひどく訛りがあり、それを訳す日本人の女子大生がエジプトの歴史にまるで関心がなく、いい加減に訳すものだから、ほとんどわからない。私はふてて、一番最後からついていった。

夕方、新しい街中の中級ホテルに入る。公共交通機関のバスに乗っての移動。さっそく荷物を置いて街に出た。私たちの周りはすぐに黒山の人だかりができる。ジュースやらサラダの詰まったパンを歩きながら食す。とある広場では星空映画館。ここも黒山の人だかり。しかし闇に紛れて、我々の白い肌は目立っていない。映画はインド製のミュージカルのようだった。真夜中近く、我々は最年長の長谷川さんの部屋に集まって夕食をしたためる。ぼそぼそしたパンに屑野菜とソーセージを挟んだもの、それに抜群においしいパイナップルジュース。

翌日は八月一日。カイロからナイジェリア一の都市、ラゴスへとエジプト航空で三時間の旅。サハラ砂漠の上を行く。曇天で何も見えず。砂漠の風景を期待していたのに、がっかりする。朝方に発ったので昼過ぎに着く。通関で入国の記述でひと騒ぎしてから、入国。ラゴスには一泊しただけで、いよいよカメルーンに向かう。

## アフリカ人は意外に清潔

カメルーン第一の街、ドゥアラに降り立ったのは夜であった。ここでもまた入国手続きに手間取る。ラゴスの役人と違って、親切な感じでホッとする。ただし、入国カードはすべてフランス語。ここでリーダーの伊藤さんが活躍してくれて、首尾よく九月一日までのヴィザを取得する。

それからがホテル探しだ。もう夜の九時をまわっている。

最終バスが出てしまっていたので、五台のタクシーに分乗して、市街へと出る。並木道で何となくフランスらしい気分になる。空港で聞いたホテルの名を言うと、即座に返事が来て、一件落着、と思いきや、別のホテルに連れていかれた。こっちの方が安いと運ちゃんたちが口々に言う。「まっ、いいか」とリーダーの伊藤さん。夜も更けてきたし、皆疲れてもいた。いずれにせよ、どうせ一泊なのだ。そこで夜中の一二時近くになってから、ホテルのレストランで何の肉かわからないシチューを食す。このホテルにはプールがあって、真夜中に水音が聞こえた。何となくアフリカの植民地という感じがした。

翌朝、駅で換金を済ませた後、ばらけて、夜の九時に駅で集合となる。私は飛行機の中で後ろから声をかけてきたのっぽさんとその友達のちびちゃん、それに病院で婦長をやっていたという二〇代後半の女性、清水さんと連れ立って歩く。この三人は野外マーケットでスカーフやら端切れやらと、品定めに夢中になる。あまり関心がない私はブラブラと野外マーケット内を歩き回る。食料品の屋台などを見てまわるが、誰かが言っていたように、確かに野菜屑などは落ちていない。アフリカ人は、意外に清潔なのかもしれない。

さて、夜九時にみな集まり、夜行列車に乗り込む。二等は超満員である。特有の臭いに包まれて、一夜を過ごす。夜中じゅう、何か言い争う罵声がしていると思うと、ワッと歌声が聞こえたりする。そんな中でも疲れているせいか、ウトウトできた。

早朝、ヤウンデ着。さっそく私とリーダーの伊藤さんとでタクシーに乗って市街へと向かう。

後の一七人は駅で待っている（ラゴスで、仕立て屋の宮崎さんは背広にスーツといったいでたちで、西に向かって別れて行ったのだ）。私だけが大学でフランス語を選択していて、まがりなりにも「ウイ、ノン」を言えるのである。

安くて良いホテル、という条件を満たすホテルはなかなか見当たらず、結局、街なかにシャワーと小ぎれいな台所の付いた一軒家を一泊九〇〇〇フランで借りることになった。これにて一件落着。取り敢えずの寝場所が確保できた、というわけである。

翌日は土曜日で、午前中にヴィザの取得に行く。私たちは悪戦苦闘の末、どうにか一か月の長期ヴィザを獲得した。

その後、ヴィザの獲得に気を良くして、ダラダラと続く丘の道を歩いていると、車の中から声を掛けられた。

「こんにちは」

全員が驚いて、立ち止まる。

彼らは現地のカカオを扱う合弁会社の社員であった。その一人、山田氏に紹介されて、翌日、ＪＩＣＡの吉岡氏が私たちのホテルまで来てくれた。山田氏と吉岡氏は、私たちの勝手気ままな希望、編集氏の「子どもの遊びを見たい」「二週間ぐらい小学校に入学したい」。ボンヤリさんの「ホームヘルパーみたいなかたちで家庭に入れないかしら」等々に適切なアドヴァイスを与えてくれた。

## カメルーンからは班に分かれて

私たちはすったもんだの議論のあげく、A、B、C班に分かれて、行動することになった。すぐにカメルーンを発ってナイジェリアへ向かう者、カメルーンで一か月の滞在の後に西へ向かう者、カメルーンでの一か月の滞在後に東へ向かう者、その他にも一人で行動する人たちが二人いて、私はというと、東へ向かうC班のルートを選んだ。ひとまず、北へ向かうバスに乗るということになり、ヤウンデ→ンガウンデレ→ガルア→マルアへのバスは翌日の早朝に出ることになった。B班も明日の午後のバスに乗るということで、今夜慌ただしく、送別会をすることが決まった。

その夜はみんなで庭に出て、焚き火の火を囲み、地元産のビールを飲んで、日本の歌を歌った。リーダーの伊藤さんが「遠き別れに耐えかねて」と『惜別の歌』を歌い始めると、みんながそれに唱和した。彼としては一人で歌いたかったらしいが、やむをえまい。

翌朝の六時にバス停に行ってみると、バスや乗客の姿はどこにもない。七時半になってようやく来たバスは、その後も客集めに奔走し、結局出発したのは、九時をとうに回っていた（これは「アフリカ・タイム」と呼んで私たちが悩ませられた、時刻があってもなくても、という現象の始まりであった）。

さて、北を目指してヤウンデを出発したバスは、メイガンガという町に深夜近く着き、その夜は寝袋に包まって地べたで一夜を過ごす。翌朝は七時半に出発、ンガウンデレに夜中の一一時に着いて、そこで農家の庭先にあるロッジみたいなところに泊まる。翌日の七時に発ってお昼にガルア到着、そこで乗り換えて、夕方、目指すマルアにようやく着いた。目指すと言っても何の根拠もないのだが。

この旅の間に取った食事は、カフェオレとフランスパンと、何の肉かわからない肉片の入ったスープ（これがなかなか美味しい）であった。いろいろなレストランで試してみたが、同じメニューしか出てこなかった。

さてマルアに着いて、さっそくホテル探しだ。私とカメラマン志望の学生で、ちぢれ毛の遠山さんとで組になって探しに出た。最初は三〇〇フランと高くて駄目、次に訪ねたホテルでは、バンガロー形式で土間みたいな所に五人が寝られて、シャワーもありで、一人一〇〇〇フラン。そこに決まり、タクシーと交渉して、荷物分を入れて一人五〇フランで運んでもらう。取り敢えず今夜の宿は確保できた。

翌日からは、個人的な行動となり、宿泊所をそれぞれ二、三人ずつで探す。取りあえず私はギョロ目さん、遠山さんとで、レンタルバイクを借りて出かけた。最初のホテルは一人で、一時間一五〇フランで高くて駄目。

ちなみに、最年長の上城さんは一人でチャド湖を見に行き、西カメルーン組（のんびりとしているという評価の上坂氏、どんな状況でも落ち着いているアニメーション作家のアニメ氏、いつもボンヤリしているノッポさん、目のくりくりくりしたクリちゃん）は、西へ向かって旅立って行った。

## バイクで転倒、顔面強打

さて、私たち三人は意気揚々と乾季のサバンナをバイクで快適に走って行った。ところが、街道は大型のトラックが盛んに通ると見えて、輪達《わだち》の後が物凄い。泥が乾いているので、ハンドルを取られやすいのだ。気を付けて行こうと考えた途端、あっという間にハンドルを取られて、前のめりに転んでしまった。したたかに顔を打って倒れた瞬間、脳裏に浮かんだのは、あこれで、私のアフリカは終了か、残念だ、という思いだった。他の二人が慌てて跳んでくる。

しばらく待つうちに、トラックが通りかかり、それに乗せてもらう。運転手が私の顔を見て、薄汚れたタオルを寄越した。それで顔を隠せというのだ。それほどひどい顔をしていたのだ。ギョロ目さんが私の顔を見て、気を失いかけたのも道理である。

フランス陸軍の病院に担ぎ込まれて、軍医が見てくれた。その段階で私はやや安心した。フランス人なら、丁寧に扱ってくれるだろう。遠山さんは報告に帰って、ギョロ目さんが残った。

医師は私の顔を見て、縫わなくてはいけないな、とつぶやいた。

ほどなくして、リーダーの伊藤さんが来る。結局、三針麻酔なしで縫って、鼻と唇の間に大きな絆創膏を貼られてそのまま帰される。手術は顔の神経が麻痺していたようで痛くも何ともなかった。麻酔なしの方が傷の治りが早いそうだ。歯の方は前歯の一本が折れ、両側の二本が欠けていたが、「歯医者が休暇中だから、歯は治せない。糸は三〜四日で抜けるから、あとはヤウンデで神経を抜いて、東京へ帰ってから治療しなさい」と言われる。帰る途中で看護婦の資格を持つヨーコさんとオットリ君がブラブラ歩いているのに出会い、看護婦のヨーコさんを紹介すべくまた病院にもどったりして、時間をとった。

傷には薬をつけず、消毒だけで乾燥させるようにと繰り返し言われた。その後一週間は、フランス人医師の家族とフランス人クラブへ行き、水泳、卓球をしたりする。夜はナイトクラブでダンスに興じたりする。

編集氏もバイクで三回転ぶ。ヨーコさんは日射病のため留守番。

フランス人の外科医師アルゼール・ギー氏の車でモコロ、ルムシキ往復軽ジープにドクター、奥さん、フランシス（息子）と私、オットリ君、伊藤リーダーの六人。モコロで若い医師も同型の軽ジープで合流。ルムシキのキャンプマンへ。私と婦長さんはドクターの奥さんに家畜市場に誘われる。その足で病院に寄り、私は糸を抜く。

二、三日して頭痛激しくドクターにマラリアだと脅される。一部の人たちはチャド湖を見に行ったが、私はお留守番に甘んじた。私、ヨーコさん、オットリ君残留。

私のみ、歯の治療のためマルアより飛行機でヤウンデに帰る。後の連中はバス。空港にはリーダーの伊藤さんが迎えに来てくれていた。午後国立病院にて神経を抜き、セメントを詰める。歯科部にはすごい数の人たちが並んでいて、いっせいにこちらを見る。これは待たされるなあと覚悟していると、思いの外早く呼ばれた。あとは傷が完治するのを待って、帰国後の処

フランス人医師の家族と私（鼻と唇の間に大きな絆創膏を貼っている）

置となる。夜、ホテルのひび割れた鏡に顔を映すと、鼻と上唇の間に裂けたような傷があり、この顔で一生を過ごすのか、と思うと、何だか悲しくなった。

## 「メルシー、マダム」

**八月二八日**　午前中にドゥアラ→キンシャサへの飛行機チケット購入。翌日、カメルーンを離れ、ザイール（現・コンゴ民主共和国）の首都キンシャサへ。ところが、キサンガニ行きの船は昨日発ったことを知らされる。次の船は一か月後だという。そこで急遽、飛行機の予約をとる。キンシャサから、ンバンダカという港まで先回りして、船を待つことにする。取りあえず、ウガンダ、ルワンダ、ケニアのヴィザを取り、七人でンバンダカ行きの飛行機に乗ることになる。首尾よく三日後の予約が取れた。

バイク事故で被った怪我のおかげでみんなと一緒にチャド湖を見られなかった私は、せめて大西洋をみたいと思い、一人で大西洋に面した町、ヴィクトリアへ一泊で向かった。往復、乗り合わせタクシーを利用した。行きは男たち五人とすし詰めになった。車中、男たちは私にいろいろと聞いてきた。「どこから来たのか」に始まり、日本のことを様々に空想して、尋ねられた。私は面白がって、嘘八百をついて楽しんだ。いわく、音楽学校で勉強している、専門はバイオリンである、等々。もちろん、日本については正確さを期して話したが。

乗り合いタクシーの面々と別れた後、予ねてより、カメラマンの遠山さんに聞いておいた宿に向かう。しかし、そこでごく貧し気な窓もない部屋に通された私は、憂鬱になった。ここで一泊過ごすにはあまりにも侘しい。荷物を解かないまま、思い切って外出し、周りを歩いてみる。すると、大西洋に面した高台に瀟洒なホテルがたっている。私は空き部屋があることを確認してから、木賃宿に戻り、出ると言った。対応した男はあからさまに不満げな様子を見せたが、私が二〇〇フランを握らせると、態度を一変させた。彼は大喜びで、何度も「メルシー、マダム」を繰り返した。

**八月三一日**　朝八時の飛行機で出発、国内線で事情が今一つ飲み込めず七人でウロウロする。七人とはリーダーの伊藤さん、最年長女性の長谷川さん、大人しくて優しい感じの高河さん、出っ歯（失礼）の樺山さん、お下げのヨシ子ちゃん、テレテレズボンのクリちゃん、そして私。

空港では人が多く、大混雑と思ったが、けっこうこの国ではこれが自然状態なのかもしれない。飛行機がようやく飛び始めたと思ったら、すぐに森林が現れ、雲の間から河が見えた。コンゴ河だ！

憧れのコンゴ河を眼下に見て、私は興奮を抑えられなかった。上空から雲間に見ると、河はジャングルを縫うように蛇行して流れている。それを興味深く眺めるうちに二時間ほどしてンバンダカに着く。そこで急いで飛行機を降り、コンゴ河口の港に行くと、船の着くのは明日だと言われて、取りあえず二等切符を買い、近くのホテルを予約した。さて食事だ。いままでの町とはいささか趣が違っていた。ほとんどがインド人の店だ。

この規模の街にしては、レストランが見当たらない。「北極レストラン」と書いた家を見つけ、しばらく開くのを待ってから中に入る。そのレストランの食事は高かったけれど満足だった。九〇〇円のディナーは、まずスープがたっぷりと来た。肉は外見に似ずやわらかで、これも十分に量があった。全員が満足する。

## コンゴ河を行く

翌日は朝早く港に行くが、待たされに待たされて、夕方になってキンシャサからの船がようやく着く。二等船の左舷に小型の客船をつけ、それを機関つきの一等船が押していくのである。これから雄大なコンゴ河を遡って行くのだ。私たちは買ってあった二等の切符を握りしめて乗船する。キンシャサから乗っていた四人に出会う。彼らも二等船客であった。

一等は食事付き九八ドル、二等は食事がなくて二一ドルというのがキンシャサ→キサンガニの料金で、さらに三等もあると聞いていたのだが、一等でも食事はつかないという。

「売店でパンや魚の唐揚げなんかを売るからそれを食べているんです」とオットリ君は情けな

さそうに言った。

洗面所の水はほんの少ししか出ないし、おまけに油が浮いている。

「夕方、ビールやジュースを売り出すので、それを飲んでいる」とアニメ氏は言った。

まもなく部屋の前にあるラウドスピーカーから雑音だらけのコンゴミュージックが、ボリュームいっぱいでがなり始めた。

「あれを夜中の三時までやられるんで、寝た気にならない」とアニメ氏は吐き捨てるように言い、「女性たちはここで寝てもらって、僕とオットリ君は一等船の甲板で寝ているんです」。

結局、男たちが一人ずつ順番に二等船室に泊まり、荷物の見張り番をして、その他の人々は一等の甲板でシュラフに包まって、寝ることになる。二等は大勢の人の喧騒であふれかえっているが、一等のデッキは静かなもので、時折吹き付ける川風が涼しい。浮き草のかたまりが次々と現れてはすぐに後方に消え去る。人家が見えると、丸木のカヌーが何艘も漕いできて、船倉近くに寄ってくる。バナナや瓶に詰めたバナナの焼酎、大ナマズなどを売っているのだ。後は笊《ざる》いっぱいの巨大な芋中、燻製にされたサル（この地ではサルを食べるのだ）も見た。サルたちは目を閉じている。それを見ると、何だか人に似ている。痛ましい気持ちになった。

私たちは毎晩、一等のデッキに集まり、ビール、コンデンスミルクにフランスパン、という貧しい食事をした。たまにナマズを調理してみたりもした。ナマズは貴重なタンパク質である。

毎晩、コンゴ河を行く船のデッキで貧しい食事をした

大きな器に蝿の死骸が浮かんでいるバナナの焼酎も試してみた。味は甘酸っぱく、蒸留酒というには、多分にバナナの味が残っていた。

夜、真っ暗なコンゴ河の上を閃光が走り、雷の音がした。それはしばしば一晩中続き、遠くで落雷のする音を聞きながら、シュラフに潜り込んでいると、どしゃ降りの中で、自分一人が守られているような不思議な気分になった。

昼間には、「ベルガ」というベルギー産のきついタバコをふかしながら、川岸のジャングルを漠然と見ていると、今ここにいる自分というものが何者なのか、わからなくなって、軽いめまいさえしてくる。売店で時たまミルクティを売り出す。コップ一杯三〇円。

川で飛び込みをしながら遊ぶ子どもたち、

転覆して商品や儲けをすべて流してしまうカヌー、そのカヌーで運んでくる荷物の中には、真っ黒な魚の燻製に混じって、竹？で編んだ、人間の頭の三、四倍ほどもあるきれいな籠が売られていたりもした。コンゴ河の水は茶色く濁っていて、その水で一生懸命に歯を磨く男たち。頭の上にバケツを置いて、髪を洗う女たち。

そういった目の前に繰り広げられる光景を見ながら、もの思いに浸っている自分、自分とは何者か？

## 拘束・尋問・説明・釈放

**九月一日**　ンバンダカで船に乗り込み、七日に終点のキサンガニ（かつてのスタンリービル）に到着。一週間の船旅であった。

**八日**　バスで早朝にキサンガニを出て、夜遅くニアニア着。

**九日**　また朝早く出て、終日バスに乗る。この日はピグミー族が住むイツリの森を抜けた。私たちはどこへ行っても物見高い地元の人たちに取り囲まれた。

**一〇日**　ビール瓶を山と積んだトラックに乗せてもらい、ものすごい悪路の中、森を抜ける。抜けた途端に風景は一変し、広大なアルバート国立公園（現・ヴィルンガ国立公園）が目の前に広がった。ビール瓶の上から見た、その時の感動たるや一生忘れ得ないものだった。壮大な乾

1972年9月10日、ビール瓶を満載したトラックに便乗し、アルバート国立公園を行く

いた平原が果てしもなく続き、時々走っているシマウマやアンティロープの群れ、川で水浴びするカバたちも見た。

夜、一夜の宿を求めた民家の庭から空を見上げると、満天の星空、私が近くにいたおばさんにその星空を指して、日本語で「星」というと、おばさんが「タンガ・タンガ」と応えた。

**一三日** ゴマからルワンダのギセニィに入国。キブ湖ではしずかな湖畔にて、みんなで石を投げたりして楽しんだ。ついでに湖畔に展開していた土産物屋で私はアンティロープの革をつなぎ合わせた絨毯のような物を買った。

翌日、バスでカリシンビ山を最高峰とする

ビルンガ火山群の山麓を抜けて、キソロでウガンダに入国。

**一七日**　エリザベス国立公園を散策中に、いきなり一個師団みたいな軍隊が出てきて、私たち七人を拘束した。その際に忘れ物を取りに戻ったヨシ子ちゃんが銃の台尻で顔を殴られて負傷した。殴られた頬はみるみる赤く腫れあがり、水で冷やしたが甲斐はなかった。その後私たちは駐屯地に連れていかれ、リーダーの伊藤さんがしつこく尋問を受けた。伊藤さんは身を震わせながらも、きちんと辛抱強く説明して、その場は釈放された。

これはまずい、と皆が思い、とにかくこういう時には、首都に行くのが一番ということで、夕方まで待って、カンパラ行きのバスに乗り込む。

乗り込んだはいいが、それからは一時間くらいおきに各地区で検閲があり、一番ひどいのは、降ろされて各自の荷物を事細かにお財布の中身までチェックされた。それが三回も続く。ようやく解放されて、その間辛抱強く待っていてくれたバスに口々にお礼を言って戻った。実際あの時バスが待っていてくれなかったら、何が起こったかわからない。後から考えて、パスポートを捨てられ、全員が殺されて土に埋められていたかもしれない、と思うと、ゾッとなった。

明け方に最後の検閲所で軍用のトラックに乗せられて、首都カンパラに入る。そのトラックの中で、私は居眠りをした。人間、睡魔には勝てぬ、ということか。

## 帰国の途へ

こうして、思わぬ形でカンパラに入った私たちは、中央警察の留置所に入れられた。そこには白人の神父、ジャーナリスト、普通の家族など、五、六〇人ほどがいた。ここまで来れば安心だと私は思った。こんなに大勢の国も違う人々を殺すはずはない。

案の定、夕方まで待つうちに、伊藤さんの知り合いの韓国人医師が保証人となって「スパイ容疑」の七名全員が釈放された。聞くところによると、タンザニア軍がマサカ南方の国境から侵入しているので非常状態だったということである。当時ウガンダとタンザニアは一発触発の状況にあった。アミン大統領はイギリス系インド人の追い出しを図っており、タンザニアに亡命していたオボテ前大統領との間で戦闘状態が発生したのだった。

私たちは取りあえず、Ｄｒ・キムが予約してくれたフェアウェイ・ホテルに行き、荷物を降ろした。ナイロビ行きの飛行機を調べると、しあさって九月二一日の予約を取れることがわかり、七名の予約を入れる。

**二一日**　カンパラを飛行機が飛び立ったとたん期せずして拍手が沸き上がった。

ナイロビに着いて、ホテルに落ちついてから、私は樺山さんとヨシ子ちゃんと三人でモンバサに向かうことにした。ヴィクトリアからモンバサまで、これでアフリカ大陸を横断したことになる。タクシーに乗り込んで四時間ほど、フロントガラスに大きな傷のある車で、三人ともそれが今にも裂けそうで、終始うつむいて頭を隠していた。

モンバサに無事に着き、タクシーの運転手にどこで降ろすかと聞かれ、私は旧市街にも若干の興味はあったが、半日しかないということで、他の二人に従い、口をそろえて、「ビーチ！」と言った。

そこで運転手は程よいビーチサイドのホテルに案内してくれた。

ホテルに落ち着くとすぐに、着替えてビーチに向かう。

遠浅の砂浜で、子ザルがどこからか出てきた。子ザルはこの辺で飼われているらしく、人懐っこくてかわいかった。

そのサルと戯れたり、海に浸ったりするうちに、これまでの二か月間の記憶がよみがえってきた。カメルーンでの滞在、バイク事故、コンゴ河を船で遡ったこと、トラックの荷台から見たアルバート国立公園の風景、ウガンダでつかまったこと、等々、この旅が今終わろうとしているのだ。

そのことに、何ら深い感慨を持つ事もなく、私はただただ海に浸かってぼんやりとしていた。

帰りはナイロビからカイロに着く便を逃し、インドのボンベイ（現在のムンバイ）経由で無事に日本へとたどり着き、富士山が見えた時の感動は忘れられない。その見事な山容を見ているうちに、やっと帰って来たのだ、という実感を覚えた。

# 初めての一人旅

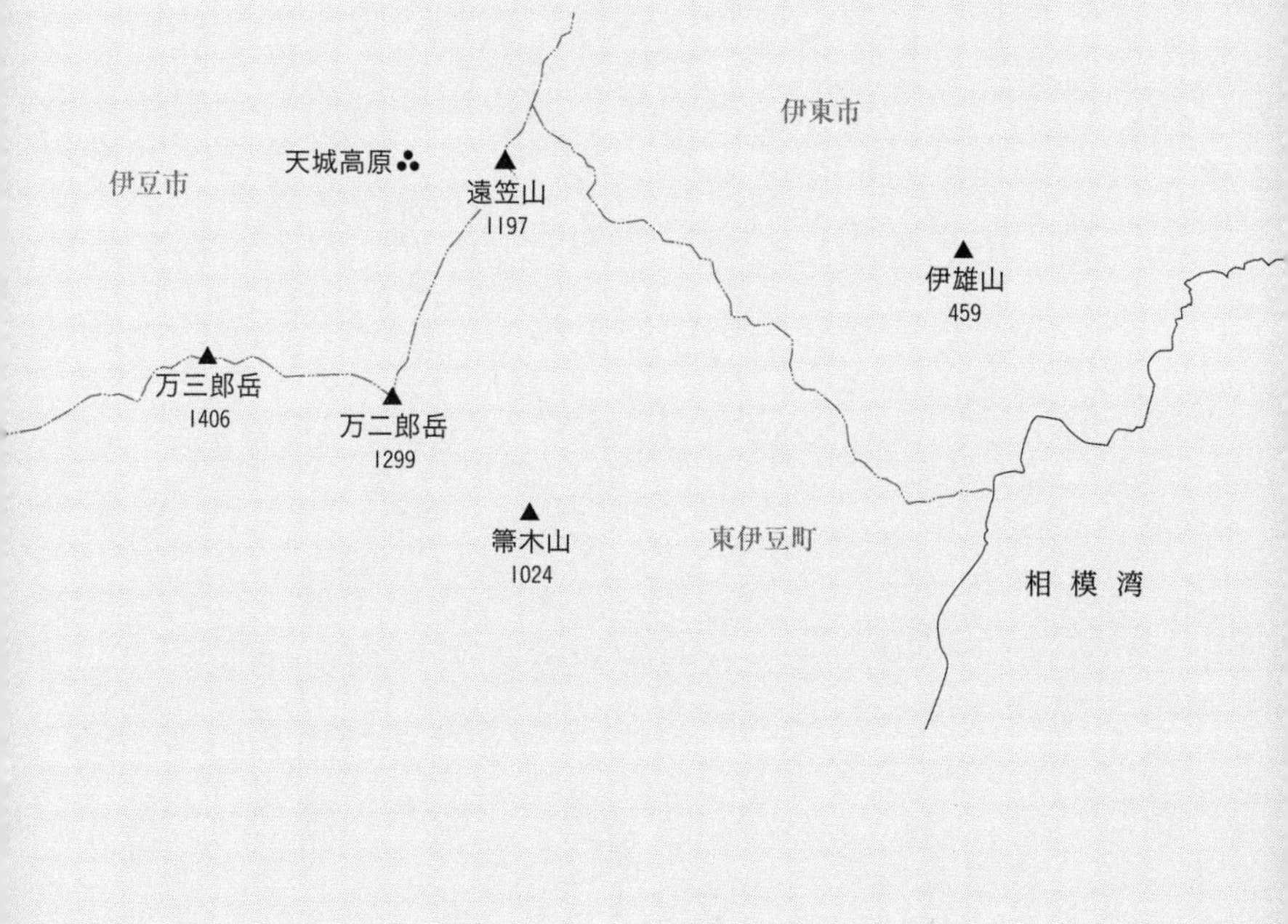
伊東市
天城高原
伊豆市
遠笠山
1197
伊雄山
459
万三郎岳
1406
万二郎岳
1299
箒木山
1024
東伊豆町
相 模 湾

## 江の島のサザエ

私が一人旅をしたいと思うようになったのは、高校時代のクラブで、二年先輩の矢代さんと、ある日喫茶店で話した時のことだった。彼女は私に一人旅の愉《たの》しさを語ってくれたのだ。それに刺激を受けた私は、いつか海外に一人旅をしたいと思い始め、大学時代にその予行練習として、まず日帰りで鎌倉、江の島へ出かけようと考えた。

ある晴れた秋の日、新宿から小田急電鉄に乗り、江の島へ向かう。江の島で弁天橋を渡り、周りには土産物店が立ち並ぶダラダラした坂を歩いて行く。その途中にある「岩本楼」という旅館で足を止め、中を覗きこんでみる。中学生の頃、父と祖母、それに妹とで泊まった所である。昔を偲んで懐かしく思われた。そこを過ぎて急坂を歩いて登り、いくつかの社に手を合わせて、てっぺんまで行く。

そこからは下りでまたいくつもの食堂、土産物屋を過ぎていくと裏の岩の海岸を見渡せた。手すりの急坂を下って、海岸に降りる。釣り人や貝殻などを拾っている人々がいる中で、私は長いこと座りこんで、寄せては返す波を見つめていた。

臨時に出ているという小型の船に相乗りして、もといた船着き場に戻る。また長い橋を渡って戻る途中で、サザエのつぼ焼きの良い香りがしてきて、屋台を覗くと職人風の男たちが三人いた。思い切ってそこに入り、サザエのつぼ焼きとビールをたのむ。慣れた風を装って、澄ましてビールを飲み、つぼ焼きに舌ツヅミを打った。

江の島から江ノ電に乗って、鎌倉へ。賑やかな通りを抜けて、鶴岡八幡宮へ。実朝がその陰に隠れていた甥の公暁に殺されたという古い銀杏の大木を眺めながら参拝した後、「大塔宮《おおとうのみや》」と書かれた方へと進む。大塔宮では洞窟を見た。こんな所に九か月も閉じ込められていたら、さぞや足腰も立たなくなるだろうと、護良親王《もりよししんのう》に同情を禁じ得なかった。後醍醐天皇の皇子である護良親王はここに閉じ込められて、刺客に首をはねられたのである。

そこから歩いて瑞泉寺へと向かい、建長寺を経て、円覚寺へ。北鎌倉で横須賀線に乗り、品川経由で帰る。

この一日で、一人で屋台でビールを飲み、サザエを食したことが大いに自信となり、三泊四日の伊豆旅行に行くことを思いつく。

## 三泊四日の伊豆旅行

大学祭をサボってその年の秋、私は伊豆半島を回るコースをユースホステルを利用して、一人旅を敢行した。まず修善寺まで行き、そこからバスで自然公園に行く。

自然公園を歩いて行くうちに、行きに写真を撮ってあげた四人のおじさん、おばさんにまた出会う。ドテラを羽織ったおじさんたち、明るい印象で親切な人々、おいこした私は、後ろで「山が好きなんだね」というおばさんの声を聞いた。その温和な声を聞きながら、私はうれしくなった。見ず知らずの人々の好意的な言葉に、である。

夏目漱石の碑を見てからまたバスに乗って、修善寺まで戻り、そこの山奥にある初心者向けの臼井ユースホステルに泊まる。歩いて一五分程の距離にあった。近くまで行ったところで草地に座り込み、秋の空を眺めて、ああ、遠くまで来たなあと感慨深げに思った。(これから先、海外の様々な辺境の地に行くことになるとは、この段階では思わなかった。)

　はろばろと旅しものかな一人にて

　花ショウブ琴ものどかな昼下がり

とか俳句まがいのものを作って、一人悦に入った。

さて、お目あてのユースホステルに着くと、あまりにも閑散としていて、拍子抜け。オーナーの奥さんの「お着きー」と叫ぶ声が辺りにとどろいた。

しばらくして今夜のもう一人のホステラーが着く。

京都のD大の三年生で、福井さん。

夕食後、お風呂に入り、その後、ミーティング。紅茶を飲みながら、ユースホステルの歴史などをオーナーさんから聞く。一〇時半に就寝。

翌日は雨で、福井さんと二人で朝の掃除。別れて西伊豆へ向かう。土肥峠を越えて、松崎に至る。蜘蛛の巣だらけの山道を行く（当時はバスが通っていなかった）。一時間歩いて波勝崎《はがちざき》の突端で小休止。雲間に富士山の威容を望む。これは良かった。中原中也の詩などを口ずさんで行くうち、車道が見えてくる。石廊崎《いろうざき》は人が多すぎて、つまらない。（ノートの端に記したメモを見ると、当時はバス代が一一〇円、見学料三〇円、タクシー代が一五〇円、牛乳が二五円、とある。随分と安かったものだ。）

ちょっとモダンなレストランで鶏肉のソースのかかったスパゲッティとソフトクリームを食べてから、バスで石廊崎発、四〇分で下田へ。長谷寺《ちょうこくじ》、海中水族館などを見て、大浦海岸の散歩道ではたいそう疲れていたが、人一人いなくて、斜陽の海がきれいだった。

河津まで電車で行き、ＹＨのハリスコートに泊まる。

六時半夕食。その後、何かの前夜祭とかでゲームをしたり、歌ったり、キャンドルサービスなどをして一一時就寝。

三日目には七時に出発して、天城連山《あまぎれんざん》にある万三郎岳《ばんざぶろうだけ》（一四〇六ｍ）、万二郎岳《ばんじろうだけ》（一二九九ｍ）に登る。久しぶりでちゃんとした山。黙々と登る。軽いめまいすら感じる。涼しい。山頂は展望きかず、しかし途中の眺め、美しい。海が見えた。約三時間の徒歩。天城の山々を堪能する。再びバスで、修善寺まで。夕闇の迫る頃、臼井ＹＨ着。夕食、後風呂。八時からミーティング。

歌を歌ったり、ゲームをしたりした。中でも楽しかったのは、農村の青年部といった人たちの「にんじん、だいこん、かぶら、にんじん、だいこん、かぶら」と歌いながら、みんなでジェスチャーを付ける、という歌であった。後おしゃべりをして、一一時半頃、ようやく眠りにつく。この臼井YHがもっとも理想的なYHらしかった、と思われる。人数（一三人）といい、施設といい。

翌朝は七時起床、掃除、朝食の後、別れを惜しんで、集合写真を撮り解散。また一人旅となる。

私ほど船に乗りたがっている人間もそうそうは、いるまいと思われた。しかしこの旅では一度きりのチャンスであった二〇分の遊覧船も、いざ帰るとなると、あの西海岸の海が懐かしく、遠いものに思われた。飽くるまで見ることのできなかった事を悔いた。しかし雲見からの山道、波勝崎で見た富士山は、長く忘れられないように思われた。

東伊豆の海は、二日前に西伊豆で荒だった黒い海岸の潮風に吹かれてきた者には、信じられないほどの静けさ、おだやかさであった。薄青色の波一つない沖には点々と浮かぶ白い船、霞む大島、みかん畑、家々も明るい。それにつけても、私は西伊豆の荒磯にそそり立つ岩山を想った。

帰りは下田から伊豆号に乗った。海側の窓際であった。

暮れなずむ風景の中を汽車は行く。旅の終わりのメランコリー、旅の感情は日々の生活の中に埋もれ去って行く。時よ、旅情を消し去って行くのは容易であろう、しかし決して消えない何かが残る。そんな事を私は憂鬱のうちに考えていた。

## ユースホステル活動

この旅以降、私は活発にユースホステル活動を続けることになる。

翌年六月には浅間山に登ろうとして「軽井沢 友愛山荘」というYHに泊まるが雨で中止。仕方なくその時に知り合った女性と三人で、鬼押出しやら白糸の滝をめぐり、上野駅で偶然出会ったYH仲間の男性二人とビアガーデンに立ち寄って、ビールをしこたま飲み、人生意気に感ず、とか言って、酔っぱらって帰宅する。

同じ六月末には、御殿場YIIでワグナーコンサートとやらに参加。朝の九時に新宿を発って、ロマンスカーで小田原へ。ついでに箱根も少し周る。いつも通っている駅を「特別急行列車は満員のまま全速力で駆けていた。沿線の小駅は石のように黙殺された」——ある小説の一節が思い出された（横光利一「頭ならびに腹」）。

芦ノ湖では四〇分の遊覧船に乗る。淡く霞んだ湖の色と周囲の山々、富士の眺めを楽しむ。その後、ケーブルカーに乗り、大涌谷、硫黄泉、右手に早雲山。ここでフレンドリーな二人の若い男性とバスの車掌さんに出会い、少し、よもやま話をする。早雲山からの帰りは、行きと違って、大きいケーブルカー、外輪山の開けた眺望、強羅からは箱根登山鉄道。バス停の前のベンチに座って、パン、牛乳、ソーセージの簡単なお昼を取る。道を聞くと誰もみな、親切に教えてくれる。宮ノ下着後、仙石原からは乙女峠有料道路を通り、一路御殿場へ。乗り変えて、東山湖というバス停で降り、御殿場ＹＨ着四時半。すぐ対訳書をもらいグランドに出て、聴き始める。『ワルキューレ』が始まったばかりだった。斜面の下の方に大スピーカーを四台置いて、大音響でワグナーを楽しもうという趣旨だった。このＹＨのオーナーはクラシックの好きな川崎さんという方で、仲間と始めてこの企画を考えたとのこと。しばらく聴くうちに、夕食の時間となり、中断して総勢一五人で夕食を食べる。

食後、再びレコードコンサート。上の草原でテントシートを敷いて寝転んで聴く。木の陰から十六夜の月が時々覗き、星が見え、ワグナーの楽劇を聴く。贅沢な時間であった。川崎さんとそのお友だちという背の高い男性と一緒に薄暗い懐中電灯の下で対訳書をめくるということも楽しかった。

翌朝は六時起床、お掃除を済ませ、七時朝食、その間に誰かのリクエストであろうか、『タンホイザー序曲』がかかっていた。八時半から開始、みんなで『神々の黄昏』を聴く。

午前中に雨が降ってきたので室内に移動。二階の集会場で一番大きいスピーカーは外して、

『神々の黄昏』のあらすじを読む。

一一時、ＹＨ発、首都高速を使い、八王子まで行き、お昼を食べてから皆と別れる。

その年の夏の終わりに、私は山陰を旅した。翌年の春には四国、その秋には東北から北海道、四年生の春休みには九州と、私は次々に日本中を旅して回った。

# トルコの旅

## アンカラは小丘に囲まれた街

一九七七年八月、ストラスブールに留学中の私は大学の夏休みを利用して、トルコの旅をした。グループでトルコの東側を回った後、一人でギリシャ、ブルガリア、ハンガリーなどを回るつもりだった。出発はパリからだ。

**八月九日**　パリを発って、アンカラへ。

イスタンブール経由で夜の九時半にアンカラに着き、バスの中で部屋割り、一一時にホテル着、着いてすぐ夕食、シャワーを浴びて一二時半に就寝。グループ旅行の気楽さを味わう。

三〇人のグループで外国人は私一人、後は皆フランス人で中年のカップル二組、若いカップル一組、英語教師のアルヴェルティーヌは五〇代で、リーダーのエリックは地理専攻で四〇代、後は皆二〇代から三〇代の若いフランス人女性。このグループでこれから二〇日間ほど旅をする。

団体旅行は私には珍しく、すべてがスムースに進み、何の危険もなくて、ちょっと快適過ぎる感じ。お金の計算も宿や食事の心配もなく（三日目くらいからみんなリラックスしてきて、冗談が出るようになり）、それなりに楽しい。

**一〇日**　八時に起床、ガスった晴れ。丘の上の博物館へ行き、旧石器時代から青銅器時代、ヒッタイト時代の象形文字などを見る。

オーグスト教会のすぐ隣にモスクがあり、今朝早くコーランの歌声が聞こえてきたのはここからだったのか、と思う。

バスで移動し、アタチュルク廟に行く。小丘の上で見晴らしが良い。階段に座っていると、制服の警備員に怒られた。

一一時にホテルに戻って一人で散歩、市場の方に行ってみる。ひどい交通渋滞である。午後一時から二時まで昼食。走って銀行へ行き、一〇〇フラン換える。二時半、バスで出発。アンカラのだだっ広い郊外を抜けるとすぐ半砂漠地帯。アンカラは小丘に囲まれた街で、その小丘から、少し山岳の地帯（ほとんど禿山の）を抜けると、後はずっと低い大きなうねり。私はキャラバンのことなどを考えながら、しきりに窓の外を眺める。塩湖があった。

六時半、日没近くにキャラバンサライへと着く。こういう平原を昔のキャラバンが通って行ったのか、と思うと感動的。ずっと窓に額をくっつけて見る。

夜の砂漠は時々ランプの灯りが見えるだけでほとんど電気が消されていて、何だか不気味であった。暗い夜道を通って八時にネヴシェヒルに到着。レストランでロウソクの灯りで夕食。節電とて、電灯は時々しか付かない。

また昨日のマリエレーヌ、クリスティーヌ、ジュヌヴィエーヴと同じテーブル。どうやら席が決まってしまったみたい。

## 水が出たり出なかったり

**一一日**　七時半に起き、水が出ないので、顔も洗えず、歯も磨けず。朝食をたべ、八時半出発。バスでは一番後ろの席に一人ですわる。この方が自分の考えに集中できるからだ。

一〇時、ギョレメ着。カッパドキアで有名な町だ。さっそく教会巡り。イエス、ジョゼフ、マリアなどのイコノグラフィがあった。ガイドのジョゼが微に入り細を穿っていろいろ説明してくれるが、真剣に聞いているのは英語教師のアルヴェルティーヌくらいで、後はいい加減に聞いている連中ばかり。私はというと、悲しいことによほど集中しなければ彼の言うことの半分しかわからない。かろうじて、三角模様は海へのノスタルジーということがわかった。

最後の教会を見ての後、三〇分くらい坂の上の方に登って行くと、下りるのが段々難しくなった。そこへひょっこり見知らないおじさんが出て来て、手を貸してくれる。ところがそれはおじさんの趣味と実益を兼ねた行為であることがわかってきた。つまり、おじさんは煙突のために開けた穴に女の子たちを誘い込み、下から抱き抱えて、タバコをねだるというわけである。仕方なくキャメルを一つくれてやる。

その後、タピストリーを作っている家を訪れ、ポットリーの製作所を見たりする。製作所ではフランス人の女性二人が働いていた。ろくろ回しをしてみろと言われ、勇敢にも私がやってみるがうまくいかなかった。

キノコ岩とあだ名された奇岩をみてまわり、ネヴシェヒルに戻ってホテルで夕食。おとといと同じメニュー、すなわちピーマンにひき肉、コメなどを入れたもの。そのホテルのプールで水浴を楽しむ。しかしシャワーがなく、気持ち悪い。急激に肩が日焼けして痛い。

ウルギュルで絨毯《じゅうたん》を見る。紅茶やコーヒー、白ワインなどが出て、フランス語で商人が次々と絨毯を重ねて説明するのだが、ものすごく高くて誰も手が出ない。

五時半から七時一五分頃まで自由時間。少し町を回って店を冷やかし、アニー、マリーノエルと城塞に登る。

途中見知らないおばさんに呼び止められて、地下のトンネルにランプで案内される。薄暗く長いので、ちと怖かったが、崖の中腹の穴に連なるようになっていて、中には石の扉があった。敵が来て隠れる場合に閉めるという。このような会話はほとんど手振り身振りである。

七時一五分に太陽の沈むのを見る、という目的で皆が集まるが、マリエレーヌとマルティーヌが三〇分も遅れておじゃん。戻ってきた二人に皆ぶうぶう言うが、マリエレーヌはどこ吹く風と言った様子で平気である。

ホテルに八時頃戻り、夕食の後で、いきなり水が出て、シャワーを浴びていると、またいきなり止まって、部屋に一人だったので、しかたなく一〇分ほど待つと幸いにもまた水が出て、ようやくシャワーを済ます。

## ロバを見つめる私とは？

**一二日**　デリンクユの町を見て回り、その後は自由時間で、ジョエル、マリアらと城塞に登る。たくさんの子どもたちがついてくる。マリーノエルが手づくりの人形を買ったので、どうしたのか、と思っていると、彼女は言った。「こんな物でも子どもたちを喜ばせられるじゃないの」。彼女は小学校の教師である。

上は眺めが良く、丘の反対側にも、古い町が見えた。

大回りして、反対側からホテルに帰る。四時に来るはずのバスが故障して、五時半になる。昨日のキノコ岩を通り越してゼルヴェ地区に行き、谷の奥の洞窟に入る。そこで穴の上に登る。古い危なっかしい脚立を上って。このゼルヴェからの光景は素晴らしかったが、私は昔ここに隠れ住んだ人々のことなどを思うと、何だか少し気が滅入るような思いになった。歴史に埋もれていった人々。その子孫はどうなっていったのか。

**一三日**　一〇時カイセリ着。考古学博物館へ。セルジューク・トルコ時代の遺物多し。小川が流れていて、ポプラがある風景。しかしアンカラからカッパドキアに至るまでの緩やかな丘陵地帯にくらべて、山岳の起伏が激しくなってくる。

その後バスに乗り続けて、二時過ぎにピナルバシで昼食。

この食堂では、今までの所と違って、コメ、牛肉の煮込み、トマト、サラダが出る。私は疲れたのか、暑さのせいか、食欲がない。ビールをためす。

昼食後にマリエレーヌと出て、乾物屋みたいな店でタバコを買う。

すぐ近くのレストランで夕食を取る。途中停電になるが、ただちにランプを持ってきたところをみると、よく停電になるらしい。私はマリーノエルと共にホテルに帰るが、散歩に出た大半の連中の話を後で聞くと、たくさんの子どもや男どもが寄ってきて、大騒ぎだったそうだ。やたらにお尻に触られたりするので、みんな最後尾になりたくなくて、モスクを一周したが、おしまいの頃はほとんど駆け足競争だったそうだ。

その夜、マリーノエルが悪夢をみて大声で叫び、皆起こされる。ベッドに大男が襲いかかってきたそうだ。

**一四日**　終日山岳地帯を行く。ある所でバスが止まって、一時間程待たされる。ふと窓の外を見ると、ロバがいた。ロバは綱に繋がれ、じっと動かない。そのロバを見つめていると、不思議な感覚に襲われた。ロバと私はこの瞬間一回だけ相まみえるだけで、もう二度とは会わないであろう。いわば一回帰性の生である。だが、このロバのことは長く忘れないだろうと、私は思った。ロバと私は何かしらの因縁、もしくは繋がりがあるのかもしれない。そうでなければ、このように気になりはしないのであろう。それはなにか？と考えているうちに、バスは動きだし、私の思考は止まってしまった。

## これぞモーゼの世界

ネムルート・ターグ（ネムルート山）に着く。三時過ぎに山の下に着き、そこから三台のミニバスに分乗して、ふもとの村へ。二度、車が坂を登りきれなくて降りる。四時半に着くと、そこは一軒家がツーリスト用にアレンジされていて、そこでオレンジジュースを庭で出される。マリーノエルと眺めの良いポイントに登る。雄大な眺めを楽しんだ後、七時に夕食。中央の部屋に集まって、トマトオムレツなど食す。その後、暮れゆく山を眺めながら、かまどでチャパティみたいなのを焼くおばさんをみたり、空にだんだん多くなっていく星を眺めたりする。

すると、遠くから笛と太鼓の音が聞こえてきて、その音がだんだん近づいて、七時からその催し物が始まり、野良着の男たちが足を使っての単純な踊りを踊る。その後観客たちを誘うが、そのダンスは思いの他きつくて、すぐみんな疲れてしまう。

私はもう一度星を見に外に出て行く。一〇時頃ようやくお開きとなり、中央とまん中の部屋に分かれて寝るが、遠くで縦笛が聞こえ、それが何だか不気味で、昔みたアメリカ映画の中で、あるインディアンの部族が襲撃の前に笛を鳴らしてそれが止んだ時に攻撃となるという件を思い出して、おまけにマリーノエルがうなされてうるさく、ほとんど眠れず。眠ったと思ったら、三時に起こされる。

皆もよく眠れなくて、ここでこそ話。マリエレーヌが「ミントのお酒いる人？」とか言って起き出し、皆がごそごそやりだしていると、突然見知らぬ男が入り口に来る。

一瞬ドキッとしていると（ガイドはイビキを掻いて寝ている）、オードコローニュを欲しがっている様子、マリエレーヌがしぶしぶ自分のものを渡すと、受け取って入り口まで戻るが、立ち止まって、手ぶりで「静かに寝な」と言うような素振りをして、ようやく去る。

**一五日**　三時に起きて暗い中を昨日のミニバスに便乗して、ネムルート・タークに登る。三〇分くらいバスで行き、歩いて一五分程で頂上に着く。まだ真っ暗でゆっくりと明るくなっていくのを、長く待つ。石像を背にして、陽に向かい、階段の上に座るが、日の出前があまりにも長いので、一人で石像の後ろに行ったりする。

やがて日が上ると、それは旧約聖書を思わせるような壮大な光景であった。淡い色調の大地が果てしもなく拡がり、その上を薄い雲が流れていく。これぞモーゼの世界と思わせた。

皆、一斉にシャッターを切る。

その後、各自思い思いに写真を撮ったり、近くの小屋のおじさんが作ってくれたお茶を飲んだりする。頂上を形成している王の墓の裏側にも石像がいくつかあり、そっちに回って説明を聞いた後、三々五々広大な山脈を見渡すゴロゴロ道を下って行く。

## 長いバス旅行で参ってしまう

またバスがもうもうと立てる埃と暑さの中を、二時間も乗って下る。しかも途中でバスが故障して一時間近くも待たされる。昨日ミニバスに乗った所まで下り、埃を払い、ビールなど飲んでリフレッシュし、再出発。

またまた暑い。一番前に席を取るが、大半居眠り。

途中水場で止まるが、顔を洗っただけでぐっと我慢して生水は飲まない。

一二時半にグルファ？に着く。何人かは長いバス旅行でかなり参ってしまってブツブツ言い出す。他の人たちをめげさせるようなことを言うので、私は耳から疲れてきて、少し腹を立てる。

ミネラルウォーター、ビールと、共に炭酸の飲料で、いやになる。最後に皆に便乗して、紅茶を飲むが、腹が膨れて、すこし具合が悪くなる。昼食を待つ間に、歩いて近くの洞窟に行く。アブラハムが生まれて暗殺されたという所だ。聖なる地なのだそうで、靴を脱ぎ、帽子または、マフラーをつける。何人かはついさっき買ったばかりのアラブのマフラーをさっそくつけた。

洞窟の中は人いきれで暑くて、湿気が多く、気絶寸前になる者さえいた。説明などどうでもよくなる。ざっと見ただけで急いでそこを出て、レストランで暇をつぶす。

バスの中では一番前に座り、アニーと話す。彼女は少しぎちぎちした冷たい感じはするが、話してみると非常にフレンドリーで観察力があった。道は石の多いステップで、アラブ風のターバンを巻いた人々が多く見受けられた。ポンチョを被った遊牧民も見かけた。テント住まいの人々の、白い丸いテントや、土色で竹で編んだ壁との間に空間があるテントなど、いろいろあった。

アニーの言うには、「ここの人たちは働きづくめで（これは自分の母が農婦で同じだったが）非常に苦しい生活を送っているが、別にそれを苦とも思わずに受け入れて暮らしている」。

七時過ぎにディヤバキールに着く。わりと大きな街で女の子の服装にもヨーロッパ風なのが見られた。

ホテルの部屋はマリエレーヌ、ジュヌヴィエーヴ、クリスティーヌと。シャワーが一つしかないので、順番に取る。夕食は歩いて近くのレストランへ。この夜、私は遅くまで洗濯をする。暑くてよく眠れない。

## しつこい男たち

**一六日**　六時半に起床。近くのカフェで朝食。紅茶一杯しか出されなく、喉が渇いてしかたがない。でもミネラルウォーターもジュースも売ってないので、我慢するしかない。八時出発。道中二回止まる、一回目は川のほとりで、二回目は水道のある場所で。皆水道の蛇口から水を喜んで飲むが、私は用心して飲まず。ステップの単調な道を行く。ホテルに着くと、さっそく水を洗浄する薬を取り出して、二リットル入りのペットボトルに入れる。ポリタンの匂いのする生暖かい水だが、何もないよりまし。バスの後ろですこし昼寝。

一時に道路わきで止まる。木陰の涼しい戸外のレストランで昼食。このレストランではゆっくり休めた。そこを出て、またバスに乗る。

しばらく行くと、谷の合間から水が見えてきて、それがヴァン湖であった。谷あいから見る水の色は大変にきれいで、湖に沿ってしばらく走ると、暮れゆく山際に夕陽が美しい。心地良い道をヴァンに着く。

城塞があり、聖なる泉が城塞の中腹にあった。壮麗な日没を見てから、ホテルに着くと、すぐに停電。レストランに行く途中、暗い中から蟻のごとく男たちが出てきて、三〇〇メートルくらいの道をお尻に触りたがるので、皆でスクラムを組んだりする。ポリスが出てきて、整理したりしてはいたのだが。

この行進の興奮で、夕食はかなり豊富な物だったが（トルコピザとかフルーツも沢山あり）、最初はよく味わえず。帰りはバスが迎えにきた。ホテルに着くと間もなく灯りがついた。この日はラマダンの初日で、いつもよりこれでもコンディションは良いそうだ。


**一七日** 歩いてレストランに行く。近くで歩いていた女の子が、突然道を横切ろうとして、車にはねられる。が、すぐに起きあがったので、ホッとする。

朝食はのんびり食べて、一〇時に出る。バスで船着き場まで行き、ジュースなどを買い込んで、すごく揺れる船で、しっかりつかまって、アハタマール島に行く。水の色と対岸の遠ざかる山並みがすごくきれい。島では一〇世紀のアルメニアン教会を見て後、水泳。水はきれいだった、が、しょっぱく変な味がした。その後、木の多い場所でマリエレーヌにバスタオルを持ってもらい、着替えをしていると、食堂のシェフとか名のる男がやってきて、私たちが着替えるのを臆面もなく見ているので、慌ててしまって、反対に着たりする。何ということか、と思う。

木陰で、チャパティとトマト、ゆで卵、ミルクの昼食。

さんざん男のことをフランス語でからかった後、しばらく休んで、ナディーヌ、フランシーヌ、マリエレーヌと教会の方に行くが、その男がついてきて、だんだんしつこくマリエレーヌの手を握ったりするので、ナディーヌがその手を叩き、四人で手をとって歩く。教会の中には古びたモザイクがあった。アルヴェルティーヌとフランソワーズがいて、他にもしつこそうなトルコ人たちがいたので早々に出て、逆の山の方に行く。私は下が水着のままだったので（すでに渇いていた）、ズボンをはいた。

山の少し崖のようになっている斜面をよじ登って行くと平な所に着く。ガイドのジョゼとジュヌヴィーヌが抱き合っている現場を見てしまう。私は先頭だったので慌てて後退し、皆に手真似で合図して、そのままで休んでいると、彼らが上の方に行ったので、少しずつ進み、崖がきつくなってきたので、戻る。

さっきの浜辺で足を水に浸《っ》けながら、ジュースを飲んで、いろいろと噂話に耽る。マリエレーヌはギリシャ人との過ぎた恋のことを話し、この時、我が目には水の色いやまさに青めり。五時に島を引き上げるはずだったのに、運転手の一人のイスマエルが水着を忘れたとかで、一時間ほど待つ。

七時にホテルに着くと、また停電が始まる。

ジュヌヴィエーヴと仲間のクリスティーヌはもう一人の運転手とくっついたようで二人とも黙りがち。クリスティーヌはジュヌヴィエーヴがどこに行ったか知らないか、と騒ぎ出し、私は鏡を落として割る。落ちたガラスを見てみんなが笑うので、私は頭にきてしまって怒る。そんな風に怒ったのは久しぶりで反省。夕食は黙りがち。

## 雪を頂いたアララト山

**一八日**　八時に朝食。この日は時間に余裕があり、食後に懐中電灯の電池などを買う。九時過ぎに出発。カブステッペのフィジリアンの遺跡を見る。説明が大変いい加減であった。

町に戻り、一時間ほど自由時間。マリエレーヌ、ナディーヌ、フランシーヌと四人で、絨毯の手作りなどを見ながら、マルシェを歩く。私は昨日怒ったこともあり、午前中はちと沈みがちであったが、だんだん元気が出てくる。

一時から二時半まで昼食。昨日のレストランで絨毯を見る。ナディーヌは壁に掛ける羊毛の小さいのを買いたがったが、値切り交渉がうまくいかず諦める。二時半に出発。ヴァン湖の右岸を遡る。少し居眠り。

二時間くらい遡った所でヴァン湖と別れて、埃っぽい道を行く。太陽が眩しいので右側の席に移り、ルーアンからの三人（カトリーヌ、エレーヌ、シャンタル）と話す。おへその信仰？の話など。五時頃一度止まり、トイレ休憩。その後は夕暮れの広大な平原。三〇〇〇メートル級の山々が右手に近づき、それが茜色に輝いた後、紫に沈んでいき、左手には夕暮れの赤い雲が、時々表れる河の流れに輝いたりして、すばらしく雄大な風景の中をバスは静かに進み、喋る人もいなくて（皆、喋り疲れて）、ひと時の安息の時間であった。

七時半、アギール着。ここは軍隊の駐屯地で、それ以前の街とはずいぶん雰囲気が違った。あまり人が見えなくて、建物は味気ないが、汚らしさは少なかった。

ホテルは二つに別れることになって、私は昨日のこともあって、クリスティーヌ、ジュヌヴィエーヴとは離れられる。部屋には鍵がなかった。そこで貴重品は唯一鍵のあるミシェルたちの部屋に入れ、寝る前には荷物全部をドアの前に置いた。

夕食は近くのレストランで。羊肉などが出て、わりとおいしい。リーダーのエリックは昨日特定の人たちと出ていたと非難されたのを気にしてか、急に私たちの方に来て、散歩するのなら行くと言い出すが、志願者はいなくて、気を悪くする。

**一九日**　朝は洗面所が部屋の中にないので、トイレで洗顔する。

八時過ぎに出発。景色は平原調。

私は強いられて、プチ・ラパンの話などをする。

アララト山の見える所でトイレ休憩。この山は五〇〇〇メートル級でノアの箱舟の伝説がある所。

昼過ぎに、イサク・パシャのパレスに近づく。これは久しく写真でみた所である。平原が見渡せるミナレット、私はパレスから見える平原のカラーが、昔のフレスコ画の風景にそっくりなのに、驚く。こんな荒れたステップの赤茶けた風景の向こうに、雪を頂いたアララト山が見えるのも何とも奇妙な光景である。

ダグーバヤジットの麓に戻り、昼食。セルフ・サービスとかで野菜の煮込み汁。ビールを飲む。

## 部屋を覗いている男の影

午後出発。最初は平原。陽が当たって暑い。一番後ろの席で外を眺めていると、だんだん谷が深くなっていき、日が傾いてきて、水の流れと楔型の稜線に影が深く、美しい。広く長い谷間を行く。途中の村でトイレ休憩。ジョエル（ルーアンの一人）が犬に噛まれて、狂犬ではないか、と大騒ぎになるが、そうではないらしかった。

日暮れ頃再び出発して、さらに谷は狭まり、最後にはその谷を曲がりくねって登りつめ、平原に出る。三日月が見え、夕暮れの空が急速に暗くなっていき、バスは静かに進む。私はこの後に行くギリシャのこと、ストラスブールのことなどを考えて、憂鬱になり、しばしバスの人々のことを忘れる。

八時にカルスに着いて、すぐ食事。地下のレストランで、いくつもテーブルがあったので、角の席にナディーヌ、フランシーヌ、マリエレーヌと陣取り、蒸留酒ラキを飲む。この席はなかなかフレンドリーであった。

夜はその三人と同室であったので、ゆっくり休んでいたら、一二時半頃、鍵穴に鍵を差し込む音がしてびっくりして、四人とも飛び起きる。ナディーヌによると、そのあとすぐ、窓のカーテンの間から、覗いている男の影が映ったそうだ。部屋の全部の荷物をドアの前に置くがその後もたくさんの足音がして、だいぶ怖かった。

**二〇日**　朝、朝食の後で、三〇分自由時間。昨夜の話をするが、他の部屋では何事もなかったとか。マリエレーヌたちと馬車タクシーなどを冷やかしながら、ノロノロと散歩して、城塞に登る。その際、耳たぶと首筋を蚊に食われる。

九時半にバスに戻り、出発。アニに行く。フランソワとジゼルが遅れて後からタクシーで来る。埃っぽい平原を通って、二回検閲で待たされる。その間、フレンス娘たちは『サボ履いて』とか、いろいろの歌を陽気に無邪気に歌う。

アニは一〇世紀のアルメニアンの街で、爆撃とか、落雷のために破壊された部分があった。二、三の教会跡に行く。平原から急に切り立つこの地形は、浸食の第一段階ということがはっきりとわかる。ここはロシア領のすぐ近くなのだ。崩れた教会の小窓から見る風景も、それがロシア領かと思うと、不思議な感じがする。

草っぱらをしばらく歩く。銃を持った兵士が四人、終始見張っていて、大げさなジェスチャーをしたり、指さしたりしてはいけないそうだ。草っぱらを一列になって、兵士に見張られながら、歩く。

アニを出て、カルスに戻り、昨日のレストランで、昼食。またラキを飲む。お腹を壊していたのだが、昨日あたりからよくなる。

三時頃カルスを出て、あとはずっとバスでエルズルムまで。谷に沿って、ポプラ並木の続く美しい風景。

## 風邪で頭が痛く、熱も出てきた

エルズルムに着いたのは、夜の八時過ぎ。夜は四人部屋で、マリエレーヌ、フランシーヌ、ナディーヌ、私である。部屋にはシャワーがあり、まずマリエレーヌが使うと、いきなり水が出なくなり、ポリタンの水をわたす時に、いろいろ冗談をいい、脅迫したり、上の穴からスリッパをなげたりして、からかう。急にまた水が出て、私がシャワーをする。寝る際に大きな蠅が出て、四人で大騒ぎしてやっつける。

**二一日**　六時に起きて、近くのレストランで朝食をすませて博物館へ行く。ガイドが「シャーマニズム——水の神」などといい加減なことを言うものだから、あとの説明はあまり聞かない。*

八時に出発。谷間の道を行く。私は後ろの席で景色を見ながら、もの思いに耽る。何だか憂鬱、やってこなかったチャンスを思い。途中トイレ休憩一回。

一二時に小さい村に着き、川の流れに沿ったテラスで昼食。

一時に再出発。山岳の谷あいをずっと行く。

最後に止まった小さな村落では少し散歩する。海が近くなるにつれ、禿山がなくなり緑が多くなって、家の様子も変わってきて、何だかアルプスのような風景になる。その村で、パン屋とかチーズ屋を見る。

トラブゾンには予定より早く着き、ホテルの部屋に入る。

八時に近くのレストランで、夕食。食事はまずくはないのだが、いつもインゲン豆とジャガイモとほんのちょっとの肉と米とかでいやになる。少し頭が痛い。昨日、今日と、食事の後で疲れがドッと出る。食事の後、近くのカフェで、紅茶を飲みながら四人で雑談。一一時に帰る。

翌朝は八時に起床。一〇時まで自由時間。四人で散歩する。私は目覚めが悪く、頭が少し痛く、黙りがち。一〇時に集合し、市内のアヤ・ソフィア寺院へ行く。海を背景にした眺めの良い場所にあった。次に、とあるイスラムのモスクに行く。皆でマフラーとか帽子を被って。地元のガイドの舌足らずの説明を座って聞く。昼はまた同じレストランで食べる。いったん頭痛治まる。

午後は山の上の古い寺院を見に行く。これは「スメーラ修道院」といって、山の中復にある。

ミニバスに乗り換えて、埃の中を一時間ほど行く。暑くてまいる。ところが山頂近くなると、急に冷えて、シャツがぐっしょり濡れてしまい、気持ち悪い。三〇分ほど山道を登ってやっと着く。ここは鋭い山の中腹に建てられた寺院で、一四世紀に建てられたものである。中にはフレスコ画があった。

一〇分ほど下って、ミニバスに乗り、峠の茶屋といった風のカフェで温かい紅茶を飲み、海岸に出る。私はこの思いがけないスポーツで、治りかけていた風邪がすっかりぶり返し、具合が悪くなる。頭が痛く、熱も出てきた。それなのにマリエレーヌは、「ダイエット」などとからかうのである。

夕食はせっかく久々に魚が出たのに、全然食欲なし。ずいぶん残して、皆が楽しそうにのろのろと喋っているので、密かに頭にくる。やっと終わったか、と思っていると、皆でガーデンに出て、食後のコーヒーなど飲みそうな気配だったので、一人でとっとと帰り、一〇時に寝てしまう。部屋の三人は一二時ちかくに帰ってきて、私が鍵を掛けて寝ていたので、起こされる。具合が悪くかったので、またすぐに寝る。

**二三日**　朝は六時に起床。本当は六時半だったのに、ガイドのビュラントが間違えて、起こされる。何だかちっとも良くなっておらず、体が重い。今日は一日バスの日で、私はナディーヌにアスピリンをもらい、一番後ろの席で、寝込む。八時にトラブゾンを出て、とある海岸で海水浴。私は用心して、水には入らない。アスピリンの効果があったのか、目覚めるとだいぶ良くなっていた。フランス娘たちの泳ぐ姿を鑑賞。

午後にもまた水浴。四時から五時まで。私は泳がないので、退屈。

サムスンで海と離れ、高原状のところを行く。七時頃アマスヤに着く。ホテルは二人部屋で、フランシーヌと一緒になる。夕食は郊外のレストランで。可愛らしい、少年と青年の間くらいの年齢の男性が給仕をしていた。疲れているのに、ビュラントが舌足らずの調子で長々と喋る。私たちの大半がボケーッとしていた。

## トプカプ宮殿にて

**二四日**　七時に起床。朝食には珍しくゆで卵が出る。

近くにあるセルジューク時代のモスクを見てから出発。暑い。昨日から喉が痛くちょっと心配。バガズクラでヒッタイトの遺跡を見る。ライオンの門など。途中止まった所では瓶入りのヨーグルトを売っていた。

朝食を食べたレストランで昼食。

暑い中、人口の洞窟（内部は涼しい）を見て再出発。退屈な平原を行く。だんだん通りを行く人々が多くなってくる。夕陽を浴びて、アンカラへと進む。皆風景などそっちのけで、歌ったり、喋ったり、食べたり。七時半にアンカラ空港に直接着き、持ってきてもらった荷物をチェックイン。一〇時発で一一時過ぎにイスタンブールに着く。すぐにホテルに入る。レストランまで暗い道を歩いて行く。一二時の夕食。帰ってシャワーを浴び寝る。暑いし蚊が多くて、なかなか眠れない。ついにイスタンブールまで来てしまったか、との思い、しきり。

**二五日**　ホテルのサロンで朝食を済ませてから、サリマン・マニフィックのモスク、ブルーモスク、アヤ・ソフィアを次々に見る。物売りが多くて落ち着いて見られない。フランス娘たちは値切るのに一生懸命で、モスクなどどうでもいい感じである。マリエレーヌなどは革の小さなバッグを買って、パフにするのだと、いろいろ見ていて、いつも最後になってしまう。

アヤ・ソフィアは複雑な構造で、もっとよく見たかったので残念であった。

お昼は、あるホテルで食したのだが、変わり映えのしない物だった。昼食後、トプカプ宮殿にいく。展示品の日本のところでは、中国の影響が強い陶器で、いわゆる「日本趣味」とはかけ離れた物だったので、あれは中国的なものだとマリエレーヌに言ったところ、「気にいらない物を他の国のせいにするんじゃないよ」と言われ、かなりショックを受ける。その後、バスに戻るまで、マリエレーヌを無視する。

宝物の部屋が四、五部屋あって、鎧とか、短剣とか並べられており、宝石ギンギン。階上のテラスに出ると、その脇に王侯のサロンがあり、ボスフォールと金閣湾が見渡せ、美しい。いったんホテルに戻り、夕食は繁華街のレストランで。そこで、ラキ、ワインをたらふく飲んで、酔っぱらう。このレストランはいろいろなお皿があって、量も多くおいしかった。

## 一人で歩きに歩いて切符の予約

**二六日**　この日はボスフォールクルーズ。バスの中で、ガイドから、ツーリストオフィスの場所を聞く。

曇りで少し寒い。一時間くらい乗る。途中、少し晴れ間。降りて下の方に一人で行ってみる。少し憂鬱になる。一人になった時のことを考えたり、この旅行のことを考えたりする。

港場に着き、待っていたバスに乗って街に戻る。ドミニック、ナディーヌなどが気持ち悪くなり、バスを止めてくれと頼むが、ガイドのビュラントが街のまん中では止められないと冷たく答える。ガラタ橋の裾でバスはようやく止まり、そこでほっぽり出される。フランソワ、ナディーヌなどがお腹が痛くて、トイレに走るが、レストランでことわられ、またまた困る。他の人々としばらく待って、レストランを探し、グルグルまわる。橋の袂に、ちとばばっちいところに行き、ようやくトイレに入れる。ところが、ここの店の焼き魚がめっぽうおいしくて、最初は食欲がなかったのに、皆で二皿ずつも食べる。飲み物はひどく不味かったが。

その後皆と別れて、一人で歩きに歩いて、タクシム広場を越え、ヒルトンホテルに行き、アテネ行きの汽車のことを聞き、戻る。タクシム広場でバスに乗ろうとしたが、人ばかり多くて、全然来ない。そこで諦めて、また歩きに歩いて、石畳の道を下り、途中ジュースなど飲んで、小高い丘に出て海を眺めてから、波止場まで下る。船を眺めながら、主要駅の一つに行き、長いこと待って、明日のアテネ行きの切符と席を予約する。タクシーに乗り（七五トルコリラということであったが、五〇に負けさせる）、降り際に一〇〇リラを出すと、四〇リラしか返ってこなかったので、文句を言って、五〇リラ返させる。

ホテルに帰ると、オーナーの片目がすり寄ってきて、「チェンジ」と言う。タバコと交換してやり、しつこそうな様子を見せたので、そこに帰ってきたフランソワたちと一緒に「じゃーね」と言って、階段を上ってきてしまう。

他の人々もぞくぞくと帰ってきて、買い物話に花が咲く。私がこの午後買った物といえば、聖ソフィア寺院の説明書とトルコのお伽話の本とうがい薬であったので、おとなしくしていた。

八時に昨日のレストランに行き、夕食。

まったくこの小さな団体の中でグループができてしまい、何となく嫌な感じ。私は唯一の外国人なので、比較的に自由に振舞っている。一〇時頃に帰ってホテルの隣りのカフェで、ジャクリーヌ夫婦、ドミニック夫婦、エレーヌ、マリーノエルと一緒にお茶を飲む。

人々といると、あまり率先して何かをする気がなく、ボケーッとして、くっついているのだが、今日一人でいろいろできたので、少し自信を取り戻す。この旅行中一人になった後のことを、ひどく恐れてきたのだが。

## 「人間の欲には限りがない」

**二七日**　一日自由。八時に皆で起こしあって、八時半に朝食。バザールに行く。最後の日なので、買い物に付きあう。マルティーヌ、マリエレーヌ、ナディーヌ、フランシーヌ、ドミニク、彼女の夫のジャンルイ、などと一緒に。覚悟はしていたが、買い物時間の長いこと、長いこと。

私は最初アニーが私を誘いたがっていたようだったので、少し後悔。実際アニーと出かけていたなら、もっと有意義に過ごせていただろうに。

陶磁器の店で、午前中二時間もかけて、次から次へとこのフランス娘たちはあれこれと買う。一一時にバザーのカフェでドミニック、ジャンルイたちとまちあわせしていたのだが、まだ宝石を買ってないとかで、一二時半まで伸ばして、ようやくカフェに入ったと思ったら、宝石売りの小僧を相手に長々と品定め。この恐るべき買い物を率先していたのは、マリエレーヌであった。まったく「人間の欲には限りがない」とつくづく思ったものだ。

一時半に重い腰をあげ、バザール内のレストランで串焼きを食べる。なかなか美味。

さてこれからどうしようか、ということになり、私の提案でピエール・ロチの丘**にあるカフェに行くことになる。何しろ私はあらかじめ船の時間まで調べていたので、説得力があった。

ガラタ橋から船に乗って、対岸に行く。バザールから出るのに時間がかかる。最終の船に乗るべく、皆、陶磁器などを抱えて、ものすごい混雑の中を、人々をかき分け、かき分け、押し進む。

ガラタ橋に着き、船着き場にたどり着くと、それでもあと一〇分ほどあって、そこにいたフランス語の少しできる警官と話す。マリエレーヌはさっきまで値切りにあんなに張り切っていたのに、ぐったりして座り込んでしまう。

四時五五分に船は出て、異臭のするばばっちい河岸を通り抜け、対岸のエギュールに着く。そこからまたたずね、たずねて、墓地の坂を上り、ついにピエール・ロチのカフェに着く。木の家があったが、別に見るものとてなく、そこの木陰のカフェでコーヒー、ビールなどを飲んでいると、ルーアンの三人（タクシーできたそうだ）、アニー（少し素性の怪しげなトルコ人のお兄さんと一緒）が来る。帰りは近くの教会を見て帰ろうとする。タクシーに乗っていくのだが、四時半でしまっていて、もう六時半。仕方なく、そこからホテルはそう遠くないので、歩く。

テオドシウスの城塞沿いに行くと、ポプラ並木などあって、羊の群れが交通の激しい往来を、渡ったりするのを見るのも楽しい。私としては、この城壁沿いの帰り道はなかなか良かった。ナディーヌとコンスタンチノープル陥落時のエピソードなどを話す。トプカプの門のすぐ近くの屋台でラキなど買い、ぐったり疲れて七時に帰る。

夕食はいつものレストランで、トマトの煮込みなどを食べる。まずくて食欲なし。最後の夜なので、皆でワインを飲む。その後、あまり気は進まなかったが、パーティーに行く。キャラバンサライという名のクラブで、ロシアダンスとかベリーダンスとか、ごちゃまぜのものを見せられて、眠くて居眠りしてしまった。一時半に帰る。

## 一人、アテネへ

**二八日**　八時に起床。荷物を作る。九時に朝食。小さいパンをかき集めてバターを塗り、チーズを挟んで、サンドウィッチを作る。九時半に出発の予定が、バスが来ず、苦しみの時を長引かせる（皆と別れるという思いはさすがに私を憂鬱にさせていた）。

サロンで一人一人ハグして、挨拶する。やがてバスは来て、人々は白いハンカチをふりながら、去って行った。

私は赤いリュックサック一つでたった一人残される。本当に一人残されたという感じ。するとホテルのおやじがさっそく言い寄ってくる。それをかわして一人で市内バスに飛びのる。

83

番に乗ったら駅には行かないと言われて途中で乗り換え、85番に乗る。バスを待つ間、非常につらい。

駅では少し探し回って、窓口を見つけ、荷物を預けて身軽になり、アヤ・ソフィアに行く。三日前に皆と来たところなので、かなりつらい。「人それぞれの地獄」という言葉を思い出す。三日前にここに来て、かすかな足跡を残したフランス人たちは、もう遠く去っていった。

何人かはまた再び戻ってくるかもしれないが、大部分は二度と再び戻ってはこないであろう。私、私だけがまだここにいる。生き残りのように、またここに戻ってきた。

しかし、その私でさえ、何分か後にここを去り、何時間か後にはイスタンブールを去る。何故か、この寺院の建物が怪物のように思えた。こんな風に、この建物の中で密かな憂鬱を抱いた者は私だけではなかったはずだが、小さな人間のささやかな歴史の繰り返し。何か人間の裡の非人間的なるものが、それらを繋いでいるのだ。この建物と個々人のささやかな歴史とを。

歩いて、トプカプにいき、見落とした所などを見て回り、眺めの良いテラスにしばし佇み、もの思いに耽る。後、その脇にある考古学博物館に行く。二つあるうちの一つめの方（ヒッタイトやバビロニア時代）を見る。

かなり疲れたので、裏の木々の見える休憩所で休む。フランス時間で二時、あーあ、みんなオルリー空港に着いた頃だなと思う。二つ目の部分（ギリシャ、ローマ時代）はいい加減に見て、考古学博物館を出る。港に下り、喧騒の中をガラタ橋を半分渡って、橋の下のレストランで食事。親切なお兄さんが英語で給仕してくれる。サバのグリル（とてもおいしい）、パン、コーラ、水、紅茶とゆっくり食べる。

橋から昨日通った市場への道を駅までたどるが、日曜日のせいか、昨日ほどの混雑はなかった。六時に荷物を出して列車に乗る。

汽車は郊外の木の家とか、少し新しい建物とかの間を抜けて、ボスフォールの海にかかる月明かりを眺めながら、進んでいく。

＊シャーマニズム（ブリタニカ国際大百科事典 小項目事典） 元来はシベリア諸族およびウラル語系諸族、アルタイ語系諸族に特徴的な原始宗教の一形態。シャーマンと呼ばれる巫者が神憑りを行い、死者と交信して神意を示したり、悪霊を祓ったりする。

＊＊ピエール・ロチ（Pierre Loti 1850–1923）はフランスの小説家。海軍士官として世界各地を回り、その航海中に訪れた土地を題材にした小説や紀行文を多く書き残した。一八八五年と一九〇〇年の二度にわたり来日している。明治の日本を辛辣に観察、「お菊さん」（一八八七年）、「日本の秋」（一八八九年）などを発表。芥川龍之介はロチに大いに関心を持ち、「ピエル・ロティの死」という文章を書いた。

# ギリシャ・その他の旅

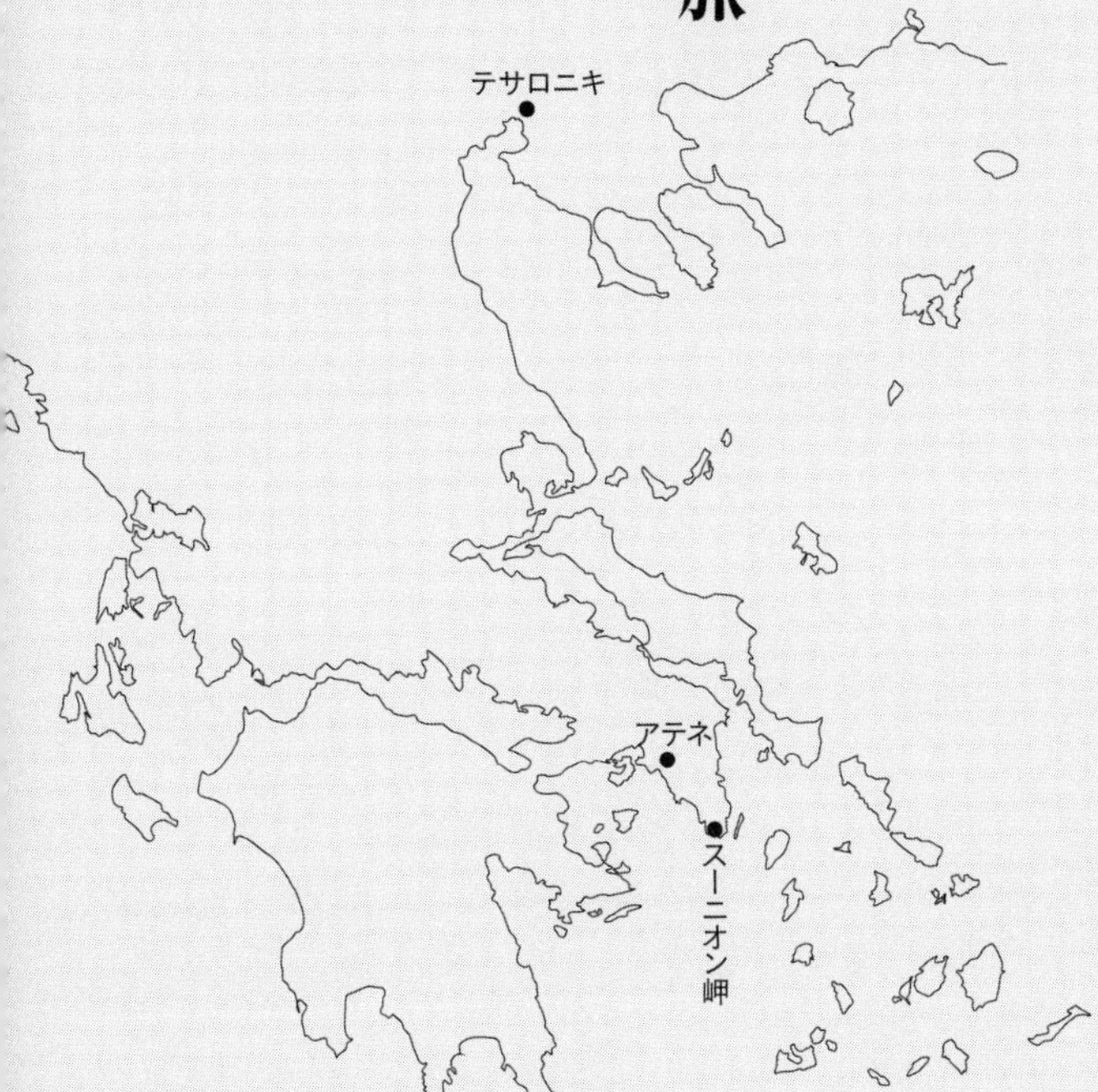

# ギリシャ

## コレラの流行

イギリス人の若い女性、フランス人の若い男性、ギリシャ人の中年のオジサンと一緒のコンパートメントであった。ほぼ六時の定刻にイスタンブールを出ると街は夕陽でバラ色に輝いて美しい。その上に満月が懸かっていて、トルコに着いた頃はこの月は本当に薄かったなあと思い出す。「この月が満月になる頃にはあんたはトルコを去るはずだよ」とマリエレーヌに話したっけなどと思い出す。

ギリシャ氏のいびきに悩まされつつ、夜は窮屈でよく眠れず。満月の下に、荒野が横たわっており、まばらな木々の影が冷たく、不思議な世界を味わう。東トルコでは夕方になると、いつも停電になった。皆で大騒ぎして懐中電灯を出した。黒海辺の町に着いたら、灯りが煌々としていて、かえって不思議な気持ちがしたものだ、などと次々に思い出す。

私にはある懸念があった。実はコレラの予防接種をしてこなかったのだ。数日前からコレラの流行がトルコでも出ており、既にアンカラで三〇人、イスタンブールで一五人死者が出ているという。予防接種を怠ると国境で追い返される、とのことであった。聞くと、イギリス人もフランス人もしっかりとしてきたと言う。それを聞いて私はますます不安になった。私は全く知らなかったので、予防接種も何もしていない。追い返されるのではないかと思い、戦々恐々。実際、フランス人の男性の情報によると、ブルガリアでは予防接種を義務づけているという。それを聞いて、私はますます不安になった。

列車は翌朝の五時頃に国境に着く。何にもない所である。係員がやってきて、パスポートを持っていく。止まりっぱなしなので居眠りをしていると、七時過ぎに明るくなってから、税関吏が来て、ようやく列車が出る。

消毒用の機械をもった兵士たちが列車の周りをうろついていたり、医師と名乗る女性が気分は悪くはないか、吐き気はしないか、と聞きに来たりしたあげく、列車を乗り換えさせられ、ようやくパスポートを返された。心よりホッとする（幸いにも、である。昨日から不安は極度に高まっていた）。私たちの乗ってきた列車は消毒されて真っ白になっていた。

八時半に再出発。

ギリシャ側の風景はさっきの国境付近の荒涼とした沼沢地とは変わって、ポプラやトウモロコシ畑のある穏やかな風景になった。そのうちにだんだん混んでくる。のどが渇くがギリシャの通貨を持っていない。

一日中、列車の中。ギリシャ人のおじさんは降りていき、三人で退屈に平和に居眠りしたり、おしゃべりしたり。ギリシャなので、何も買えない。昨日かき集めた朝食パンとぬるくなったコーラを飲む。

七時にテサロニキに着く。ここでフランス人のお兄さんが降りていく。後に残ったイギリス人の若い女性と私はギリシャ人ばかりの中で、窮屈な夜を過ごす。

## アテネの一人旅

翌日の七時にアテネに到着。パット（イギリス人の女性の名）と歩いて、ＹＷＣＡに行き、部屋を予約。一六人部屋のドミトリー。その後、パットのバスの予約を取り、銀行でお金を換える。その後にやっと朝食を取る。いろいろ歩き回り、暑くて疲れも溜まっていたので帰り、シャワーを浴びて、昼寝。列車に乗っている間、ろくに物も食べず、二日間よく寝ていなかったのだ。三時過ぎに起きて力を取り戻し、ブラブラ歩いて、アクロポリスに上る。ミネラルウォーターを一瓶買って持ち歩く。

丘の上では、ソフィアでユニヴァーシアードに参加した帰りという日本選手団に出あう。下って、古代のアゴラ跡を通り、現代のアゴラ（マーケット）を見て歩く。角のレストランで昼食。刻み肉とパットの混ぜた物とビールを飲む。そんなにおいしくはなかったが、久しぶりのまともな食事で気分良し。

アテネに着いて感じたことは、イスタンブールとは全然違って、ヨーロッパ風で街が明るく、人も親切そうで何となくずっと安心した。この街はまったく「観光業」というものに徹底していて、人々も愛想よく、旅行者目当ての市場なども活気があって、治安もよく、トルコの田舎とイスタンブールなどを見てきた眼には、むしろ物珍しかった。

ギリシャ人のキキという、ストラスブールにいた女性に電話してみたら、運よくいて、「明後日の五時にケサリアーニというバス停に来い」ということになった。

『音と光』というイヴェントを見ようかと、会場まで歩いて行くが、疲れていたのでやめにして、またマーケット付近を見ながら、八時頃帰り、すぐに寝る。

翌朝は、八時過ぎまでゆっくり寝て、一〇時に出て、私はホテルを探すが、二〇〇ドラクマ以上なので諦めて、YWCAに戻り、今夜と明日の予約をする。

パットは今夜のバスで、ロンドンまで三日間かけて帰るということで、ねんごろにあいさつして、別れる。

一人になり、少し公園を散歩して、ピザ、レモネードなどでまた食事。

いったん戻り、部屋で洗濯などして、少し昼寝。

三時半からスーニオン岬へエクスカーション。

エーゲ海の青さに魅せられた。海辺に沿ってリゾートホテルが並ぶ。泳ぎたくなる。岬では風が凄く強い。

海の色はあくまでも青い。一時間ほどいて、またバスで、七時半にアテネに帰る。このバスはまったく憎らしいことにブルジョワ的で、帰りに送るためのホテル名を聞いてきた。セルフ・サービスの店でまずい串焼きとギリシャサラダとかいうのを一三〇ドラクマも払って食べ、八時に帰る。シャワーを浴びて、書きもの。

## キキとの再会

一人でいると、やはり一抹の寂しさを感じる。人の不在を感じる。バスの中とかベッドで居眠りしたりして、ふと目を覚ますと、二〇日間のフランス人たちとの旅行の印象が強かったせいか、その感覚が残っていて、ふと一人になったんだっけと急に思い出し、寂しいような、心細いような、変な気持ちになる。

**九月一日**　八時に起きて、朝食の後、九時半にでる。

ケサリアーニ行きのバスのり場を調べてから、考古学博物館へ行く。そこで長々と二時までいる。木曜日は入場料が無料の日であった。絵はがきなどを買うのに、一〇〇ドラクマをくずすと、にわかにお金が少なくなっているのに気づき、博物館の前で座り込んで計算する。一〇〇〇ドラクマ札一枚分がそっくり足りない。路上で落としたか、一〇〇と間違えて渡してしまったか、ＹＷＣＡでとられたか、である。ショック！ ボーッとしているからいけないのだ。気分悪く、そのことばかり考えながら、バス停に行き、人々に聞きながら39番に乗る。途中お腹が空いたので、パンをかじる。止まるところのアルファベットがはっきりしていなかったので、少し不安になったが、バスの中で男たちが、いろいろ言って教えてくれ、無事にケサリアーニに着く。

少し時間前に着いたので広場のテラスに腰かけて、日記など書いて暇つぶし。五時にキキが迎えに来てくれて、彼女の家に行く。着くとすぐにケサリアーニの僧院へ行くことになり、荷物も降ろさずに出る。目的地は郊外で、山の中。静かなところだった。何となく霊的なものを感じる。奥まったチャペルで、願い事を叶えてくれるという泉に小銭を投げたりする。歩いてもどる。途中、墓地に寄る。

キキの家に帰って、夕食を食べさせてもらう。牛肉とインゲン豆、じゃがいも、甘いワイン。食後に広場のカフェで、キキのいとこのマヌロとその友人のコンスタンチンと話す。久しぶりのフランス語で、おおいに喋る。明日、海に行くことを約束して、バスで帰る。ところが、「アメリキス通り」と間違えて、「アメリキス広場」に行ってしまい、遠くで降ろされる。歩きまわった末、タクシーで戻る。しかし、夜でも全然危険ではないということが分かった。

## 身につかないエクスカーション

**二日**　八時に起きる。便秘気味だったのが、朝お腹が痛くてその後、通じる。一〇時にマヌロに電話すると、昨日のバス停で二時に待つ、とのこと。午前が空いてしまったので、まず銀行に行き、五〇ドルを換える。それからインフォメーションセンターで明日のデルフィー行きのバスを予約する。次にベナキ博物館へ行く。

ベナキ博物館では、何となく気持ちが散漫として、集中できず。中国の陶磁器、西洋のイコン、ローマ時代の遺物、地下にある民族衣装など、さまざまな物がごった煮的にあった。

一時にいったんYWCAに戻り、半ズボンに着がえて、バスで待ち合わせ場所に着くと、マヌロとその友達が待っていて、マヌロの家に行き、その両親とお姉さんに会っておしゃべりをしてから、「カモメ」というあだ名のいとこの運転で、アテネから二、三〇キロ離れた海岸まで行き、泳ぐ。人少なく、海青く、なかなか良い。二人のマヌロ（実はいとこの「カモメ」ちゃんもたまたま同名）と一緒に。

この前の水泳はトルコのヴァン湖であったことなどをしきりに思いだす。六時にそこを引き払って、近くのリゾートタウンにあるカフェで、ビール、ソーセージなどを立ち食いする。マヌロの家に帰ってから（キキもいて）、おしゃべりして、ミルク・ライスをごちそうになり、その後広場のテラスで四人でウゾ（＝ラキ）を飲み、イチジクを食べる。「カモメ」の車で街へ行き、二人は映画を見に行ったが、私は疲れていたので、帰る。

**三日**　七時に起きて、急いで朝食を食べ、八時から夕方の七時までデルフィーにエクスカーション。

長ーくバスに乗って一二時近くに着く。そこはきりたった高い山々にかこまれていた。物凄い早さで博物館を見て、遺跡に行き、そこで巫女がお告げをした話など聞き、三〇分の自由時間を歩き回る。そこから近くのホテルで昼食。日本人のカップルとスペイン人のおじさんのテーブルで。仔牛肉は良かったが、何となくしつこい。それとトルコで見た細長いパテが出た。帰りは、何とかいう泉（ここで身を清めたという）とアテネの神殿跡をざっと見て、また同じカフェにたちより七時に帰り着く。

風景は良かったが、こういうエクスカーションは、くっついて行くだけ、という感じで、あまり身につかないなあと思う。アテネではこうしたまったくの観光的な面とキキのおかげで少し市民の生活も見られた。ケッサーリーニ地区というのは、どちらかというとプロレタリアの地区で、マヌロの両親もトルコのイズミールから一九二〇年代に身一つで引き上げてきたようだ。

八時に、バスの着いた広場で二人のマヌロと待ち合わせして、『音と光』のイヴェントを見に行く。九時からのショウはギリシャ語でよくわからなかった。アメリカ人たちがやたらにフラッシュをたくので、不愉快。

終わって二人のマヌロと二人の女の子と一緒に浜辺を散歩して、ローマ時代のアゴラの近く、レストランの屋台のテーブルで食事。人々が沢山いて賑やかである。そこでイカのオリーブ煮、ハンバーグ、松脂ワイン（レチーナという）などを食す。美味しい。人々が歌い始め、その歌がなかなか止まず、やっと一二時半頃腰をあげ、一二時五〇分に帰る。

## ギリシャ人はおしゃべり

**四日**　午前中、一人でビザンチン美術館に行く。何だか疲れているので、一時頃帰って部屋で三時過ぎまで昼寝。それから溜まった絵はがきを二〇通ほどバーッと書く。五時に再度出て、またバスでマヌロの家に行く。「カモメ」とキキの四人でスイカを食べながらトランプをする。

八時になって、通りに面したテラスでマヌロの作ったスパゲッティを松脂ワインと食べる。キキとカモメと一緒にギリシャの歌を歌う。夕暮れの町の雑踏。気分良い。九時半頃出て、リカベトスの丘に行って、ケーブルカーに乗る。街の灯りがきれい。歩いて下りる。途中のベンチで休んだり、カフェでウゾを飲んだりして、一二時に帰る。

**五日**　朝の九時まで寝て、ゆっくりキキのオムニア広場近くにある仕事場に行く。キキは明るい小ざっぱりした弁護士事務所で働いていた。ストラスブールにいたエレーヌに出会う。キキと出て、ソーセージとかカセットテープを買い、アテネの管理事務所で働いているキキのおばさんに会ったりする。この地区はいろいろな行政の事務所が集まっていて、活気のあるところだ。

カプリカレアという古い教会の中を見る。ギリシャ正教のカテドラルは三時過ぎで見られなかった。革の小銭入れ、いいのがあって一三〇ドラクマで買う。セルフ・サービスのレストランに入り、スブラキとビールを食す。

偶然前に座ったおじさんとフランス語で話しながら、食べる。おじさんは日本を褒めていた。いったん戻り、荷物を用意して、二階の椅子でしばらく休む。郵便局へ行って絵はがきを出し、五時にバスに乗って、またキキの家に行く。二人のマヌロとおしゃべりして、みんなで夕食をごちそうになる。甘い松脂ワイン、しょっぱいジャガバタ、トマトサラダ、しょっぱいオムレツ（しかし大変おいしい）。日常的な食事だそうだ。六時にお母さんにお別れをいってタクシーで駅へ。二人のマヌロが送ってくれる。途中YWCAに立ち寄り荷物を取って駅へ。

予約なしの席はないとのことで、デッキに座る覚悟を決める。ギリシャ・コーヒーを飲みながら待って、九時四五分に出発。一つのコンパートメントにひと家族しかいないところがあって、そこに座る。しかし席はまったく人間工学を無視したもので、座りにくくしかもシートが外れやすく、その度に直したりする。通路では人々が大声で話していて、いかにもギリシャ人を知るの巻。よく眠れず。

**六日**　朝七時にテサロニキに着く。居眠りしていると、ここから予約した人々が来て、席を取られる。一時間ばかり待って、出発。ブカレスト行きの一車両の列車で、すごい人と荷物。ギリシャ人の英語を話すおじさんに聞いてみると、この人たちはルーマニアやポーランドに住むギリシャ人で、夏休みが終わって、これからそれぞれの国へ帰る人たちなんだそうだ。どおりで、一家族全員が見送りに来ていたり、いく人かはおおげさに涙を見せていたりしていた。

廊下の折り畳み椅子に座ったり立ったりしながら、景色を見たりして過ごす。マケドニアの景色はなかなか明媚《めいび》。向こう側はユーゴスラヴィアだよと言われた湖水を横に見ながら、長い色穏やかな山脈に沿って走る。タバコの栽培やトウモロコシ畑を見る。

ギリシャ人たちは見知らない人たちどうしで、すぐにおしゃべりし始める。実際、私の隣りに座った人たちも、なかなか人懐っこく、日本人か、と聞いてきて、ニコニコしている。

# ブルガリア・その他の旅

## 無事にソフィアに着く

一二時に国境近くの駅に着き、そこでソフィアからくる列車とすれ違うということで、二時間近く待たされる。

駅のカフェで、最前から私に話しかけてきた船乗りのギリシャ人の男性、ポーランド人の一人旅のお姉さんなどと、ギリシャ・コーヒーを飲んで過ごす。

一時四五分に再出発すると、小さい川を渡ってすぐに、もうこれはブルガリアだよ、と言われた。コレラのことでまた少し心配していたら、種痘を調べる係員が最初に来て、すこしたってからパスポート調べのおじさんと、出張バンクのお姉さんが来て、何の問題もなく入れた（旅行者はヴィザすら要らないそうだ）。後でいわれたことだが、ある日本人が、トルコを通ったためにブルガリアかルーマニアかの国境で、入国を拒否されたと聞いて、私はラッキーだったと思う。

時間を一時間遅らせて、また長々と列車の旅は続き、ようやく六時にソフィアに着く。ギリシャ氏とタクシーでホテルへ。おかげで難無く、駅からホテルに着き、五・五〇レヴァでシングルルームが取れる。ギリシャ氏とホテル付きの角のレストランで食事。ビールとブロシェット（いろんな肉があっておいしい）を奢ってもらう。その後、ニコという名のおじさん（このタイプは、同様の体付きの人々をブルガリアでもよく見かけた）と、その友人で有名なアーティストでブルガリアに今住んでいるという男性（優しそうな、少し臆病そうな眼をした、ヒゲの人）と三人で、飛行場のバーに行く。ミュスカとサラミ、二種類のチーズをたらふく食べ、バンドを聴く。奢りでなかなか良い思いをしている。一二時近く、すこし酔っぱらって帰り、シャワーを浴びる。お湯が出なくて、心臓麻痺を起こしそうだったので、浴びただけ。

**七日**　八時まで寝てゆっくりと朝食を取っていると、ニコがやって来てリラの修道院行きのレンタカーが取れなくて、汽車で行くという。友人になったギリシャ人二人と歩いて駅に向かう。汽車の時刻を調べるが、一時までないという。それではあまりにも現地での時間が少な過ぎるのと、ギリシャ人たちがうるさくなってきて、ニコに「私は行かない」といって別れる。

オルビータというガイドブックにあった青年のためのツーリストビューローに行くが、引っ越している。隣の事務所のおじさんが、紙と身振りとほんの少しの英語で、郊外の新しいビューローを教えてくれる。広場からトロリーバスの６番で、訪ね訪ねて行くが、そこはオル

ウィーン
ブダペスト
ザグレブ
ベオグラード
アドリア海
ソフィア
テサロニキ

ビスのホテルでインフォメーションではなく、無駄足。シュエップスを近くの屋台で飲み、またトロリーで空しく市内に帰る。アレクサンドル・ストランボリイスキ通りでやっと見つけたオルビスで、三、四〇分粘り、エクスカーションのこととかを、愛想は悪いが、親切なおにいさんにいろいろ聞く。結局リラ行きのエクスカーションはなくて、ヴェリコ・タルノヴォという古い街行きの列車の時刻などを聞いて、そこを出る。

オルビスに行く途中で寄ったスベタ・ナデリア教会は古い教会で、内部が美しく飾られており、しかも入った時、何かのお祝いで、人々が二〇人程、中央で丸くなって歌を歌っていた。それがとても心地良かった。

## リラの僧院にて

いったんホテルに戻り、りんごをかじりながら、これからどうするか考える。ヴェリコ・タルノヴォ（ブルガリアの古都）に行くと心に決め、三時近くに出て、ドンドコフ通りをアレクサンダー・ネフスキー寺院の方に行き、寺院と若いかっこいいギリシャ正教のお坊さんなどを見てから、通りをセンターの方に行き、考古学博物館に入る。ブルガリア語の説明でよくわからなかった。

その後zem百貨店へ行き、三レヴァで東独製のフィルムを買い、明日の切符を買うべく駅に向かうが、結局もう少しよく考えて、明日の朝購入しようということにする。ヴェリコ・タルノヴォに行くには汽車で五時間もかかるのだ。

公園を歩いて行くと、明後日の革命記念日のためか、一部通行禁止になっている。青年たちが隊列を組んで赤旗を振っているのが遠くから見えた。それを遠望し、大回りしてアレクサンダー・ネフスキー寺院に戻り、地下のイコンのコレクションを見る。凄く構図が大胆なものが多いなと感心する。

七時にそこを出て、帰る。人々がたくさん出ていた。昼間のレストランが開いているかなーと思い、一人でモスクの方に行き、時間潰し。レストランには人が多く、席がいっぱいで入れず。しかたなく部屋に帰り、空きっ腹を抱えて明日の予定を考える。急にやはりリラ（僧院が有名）に行こうかと思いなおし、八時半に再び出て、さっきのレストランに行くのは癪なので、ホテル・バルカンに歩いて行き、そこのレストランに入る。シャンピニョン付きステーキ、トマトサラダ、ビールを食す。お腹いっぱいで疲れて帰り、すぐに寝る。

**八日**　七時半までぐっすり眠って、ゆっくり朝食を取る。ニコに一筆書きおきを残し（いなかったので）、広場まで歩いて行く。バス乗り場に行く。切符を買うのに言葉が通じなくて苦労していると、フランス語のできるおじさんが現れ、助けてくれる。一〇時発の切符を予約して、一時間ほど時間があったので、何とか広場に行って、帰りは陸橋の上を通り、貧しげな赤屋根の家を見たり、街を囲む山脈の青さを見て、九時半頃戻り、無事にバスに乗り込む。バスはブルガリアの地方の田舎風景を見つつ進む。このバスの間、私は一番前の席で何となく心安らかにいろいろ思い出す。トルコ旅行のこととか。

バスはリラの谷に入ってしばらくして着く。リラの僧院は大きな建物で、まずレストランに入って、ビールと牛肉の肩肉を食べる。その後、谷に沿って散歩。日本の山のことを思い出す。ブルガリア人のグループがあちこちでハイキングに来ていた。野外で食事をしたり、昼寝したりしていた。こんな風なことがこの国のレクリエーションなのだなと思う。

またお腹が空いてきて、近くの休み所でアイスクリームとパイを食べる。アイスクリームはすごくおいしい。僧院に戻り、中央の建物やら、三階まである回廊の建物を見て回る。来た時は晴れていて、後ろに見える山々がきれいだったのに、突然の雨。

一人というのは不思議なもので、僧院の中庭の何気ない赤い実をつけた高い木にさえ、親しみを覚える。もし誰かと一緒だったなら、注意も払わずにいたであろうに。

この回廊の一室が博物館になっており(三つあるそうだが、二つは閉まっていた)、イコンなどを飾ってあった。一階には昔の台所の様子、大鍋、大釜などが置かれており、少しの民族衣装と共にあった。二階には、タピスリー、聖具、大バックルなどの展示があった。

塔に上るとよい景色がひろがっていて、あまりにもゆっくりしてしまって、階下のおじさんが無事かどうかを見にきたくらいであった。ボヤーッとした気分になって、一階まで下り、五時四〇分のバスでまた三時間かけて、ソフィアに帰る（街灯のない町を通ると、家々の灯りに人々が集まっているのが、見えたりする）。

疲れてお腹も減ってないので、爪を切ったりして、寝ようとしていると、ニコが戸を叩き、誘われて角のレストランに行って、サラダとかオムレツ、生ハムなどを食べる。ニコの友達のギリシャ人男女三人とともに。

一一時頃に疲れたと言って、先に帰る。

## ベオグラードへ

**九日**　朝食の後に荷物をフロントに預け、外出すると、革命記念日で群衆が群れをなして道路を埋め尽くしていた。一時間以上も突っ立ってバカみたく、その人々や民族衣装を着た女の子たちを眺めた後、何かの祭典が行われるのであろうゲオルギーディミトロフ廟の広場には網が張ってあるので、諦めてホテルに戻り、荷物をとって駅に向かう。駅で切符を買い、売店でオレンジジュース、パン、ソーセージを買って待つ。一時に汽車が出る。

同じコンパートメントには、フランス人のカップル、ブルガリア人でドイツ人と結婚したおばさんとその三人の子どもたち、ヨルダン人の青年といった顔ぶれであった。このブルガリア人×ドイツ人の子どもたちは五歳と一一歳で可愛らしく、特に下の子はやんちゃで人懐っこく、私の腕に摑まったりした。一番下の男の子はどうやら未熟児らしく、一歳になるというのに、動きは少なく、歩きも這えもしなかった。

八時半頃突然、ベオグラード（この頃はユーゴスラビア連邦の首都）につく。コンパートメントでのんびり構えていたので、あわてる。いそいで降り、アナに電話するも、誰も出ず。私は大いに当てにしていたのがはずれ、ヨルダン人の若い男と一緒にタクシーに乗って、ユースホステルへ向かう（タクシー代は私が立替えたのに、男は返さなかった）。九時に着き、ベッドはあるとのことで、ようやく今夜の宿を確保。わきのレストランに行くと、ユーゴスラビア人の禿の男が話かけてきて、明日の午前中、一緒に出ることを約束させられる。

どうもここら辺のバルカン料理は肉をよく焼き過ぎる傾向がある。私が注文したのは、豚肉の串焼きとトマトサラダ、それとビールであったが、豚肉はこんがりと焼けていた。

私が連泊を予約しなかったのは、つまり私の思惑では、アナのところに泊まれる可能性があったのだ。

**一〇日**（土曜日）八時にレストランに下ると、昨日の男がきている。部屋に戻り、荷物作りにさんざ待たせて、九時半に出る（アナに電話すると今日はいて、午後に会うことになる）。

トラム（路面電車）で街の中心まで行き、公園を歩く。この人、私と腕を組みたいとかいい出して、まったく嫌になる。昨日は少しは良い感じをいだいていたのだが、今日になって熱が冷め、嫌悪感しか浮かばない。不機嫌になって、振り払うようにして、早々にバスでアナの家に行く。

驚いたことに、男はついてくる。アナの家に入ると、さすがに諦めたようだった。

アナの家では、両親とアナのフィアンセとで、リキュール入りのコーヒーとビスケットなどをごちそうになり、日本映画の話などいろいろ、英語とフランス語で歓談する。なかなか教養のある人たちであった。二時にアナと出て、今日の午後は仕事があるとのことで、三時にまた会うと約束して、とりあえず古い町並みを見たり本屋を覗いたり、ベオグラードで一番高いというビルの最上階に上って街並みを眺めたりする。この近代的な街にもよく見ると、かなり古い建物が残っていた。

アナと再びあって、教会脇のレストランに行く。こじんまりしたところで、いろんな肉の皿とパプリカサラダ（とてもおいしい）、二人で赤ワインを一本空けて、長々居座り、いい気分でそこを出る。カレメグダン公園を散歩して、有名な井戸を見たりして、ドナウ河に入日を眺めた後、街に戻り、アナのフィアンセのアパートに行き、そこで夕食をごちそうになる（豆と豚肉のソテー、デザートに洋ナシ）。

一〇時にアナと出て、バスでＹＷＣＡに帰る。アナがバス停を間違えて、三つも前で下りてしまい、薄暗い道を相当の距離、歩いて行く。そのおかげでYWCAに着いたのは、一時を過ぎてしまい、ベッドが無いと言われ、私はアナの手前、面目をなくす。しかし「困る」と言い張ったら、受け付けのおにいさんがわりと親切で、プライベートの部屋を空けてくれる（一人を頼り過ぎてはいけない、とつくづく反省）。

## 日本の歌を歌って自分を鼓舞

**一一日**　八時に起きてレストランに行くと、人が少なくて心安らかに食べられる。トイレによってから、おもむろに外出しようとすると、例の男が立っている！　冷たくあしらって、午前中は具合が悪いから休む、午後は友達に会う、と言って、踵をめぐらせてトイレに入る。一〇分程待つ。トイレ掃除のおばさんがやってきて怪しげな顔で見るので、それ以上はいられず、やむなく出ると、男はテラスのベンチに座っている。向こう側を向いていたので、知らん顔をして急ぎ足で出てきてしまう。

通りは日曜日のせいか人多し。かなり歩いてバスに乗り、ホテル・スラヴィアの前で降り、また歩いて駅に。

駅ではトラベラーズチェックを換えられず、また歩いて共和国広場まで行き、さんざ探したあげくやっと両替所を見つけ、五〇ドルを換える。そんなこんなで一二時になってしまう。それから民族学博物館に行く。民族衣装がたくさんあり、それらを丹念に見てから、ナショナルギャレリイに行くと一時に閉まっていた。しかたなく（疲れていたのに）、長い橋を渡り日本の歌など歌って自分を鼓舞しながら、現代美術館へ行く。現代美術館は改築中とかでこれも閉まっていた。仕方なく少し休んで、ユースホステルに電話して今夜の予約をとる。

三時に約束のナショナルギャラリーに行くと、アナと妹の一四歳のサーシャがいて、三人で歩いてレストランに行く。私はお腹が空ききっており、スープ（トルコ原産とかですごくおいしい）、鳥肉のチーズみたいなものを食べる。後、バスでデリージャという大きな郊外の公園に行き、サーシャがへたくそな、しかし大胆な英語でいろんな話題を出して（体育の先生へのプラトニック・ラブとか、白雪姫の物語とか）、求めに応じておもしろおかしく語り、当時の大統領チトーの物まねをしたりするので、おおいに笑う。

古い教会を見たり、無名戦士の墓を見たりしてから、カフェでコーヒーを飲む。バスでいったん駅に戻り、そこで二人と別れて、アナのお父さんの勧めにしたがって、ノヴィサドという町へのバスを調べて、パンを買って帰る。ドイツ人の女の子が遅くきて、すこし喋る。部屋は二人だけ。

**一二日**　ドイツ人の女の子と朝食をとり、駅まで一緒に歩く。一〇時半のバスで、ノヴィサドへ。途中はトウモロコシ畑が多くて、豊かな感じ。バスもきれいで、居眠りをしながら、一時間半ほどで目的地に着く。近代的なバスの駅と汽車の駅とが、一緒になっている。この町に関しては何にも知らないので、まず地図を買い、歩いて中心へ行く。古い壁に装飾のある家が多い。広場に出て、カテドラルや誰かの像を見て、ブラブラ歩いて、ドナウ河岸に出る。良い天気で、カモメがいる風景を眺める。ドナウ河は豊かに流れ、対岸の霞んだような緑、近代的な橋を眺めて、感慨に耽る。はるばると、トルコの奥地まで行き、地を這うように旅をしてきて、今ドナウ河の静かな流域にたたずんでいることを思う。

橋を渡り、城跡に上り、綺麗なレストランで魚料理を食べる。すごく待たされたが、味は良かった。そこを出て、城跡の周りをゆっくりと二周する。平原の遠くが霞んだ色をしていて、いかにもバルカンとか、ボヘミアといったところはこうであろうと彷彿とさせ、実に良かった。ドナウ河岸を歩いて、また橋を渡り、町の中心を越えて、古い街並みを通り、駅まで歩く。六時一〇分のバスに乗り、七時四〇分にベオグラードへ着く。

疲れていたが、歩いて教えられた道をアナのアパートまで行く。夜のベオグラード風景を見つつ。アナのところで彼女のフィアンセのレンコに、第二次世界大戦の終戦直後の写真とか、古い農家の写真とかを見せられる。レンコはプロのカメラマンである。そこから、タクシーで公園近くの大通りに行き、外のテラスに集まっていた一〇人程の若いユーゴスラビア人に会い、歓談。日本人のヴァイオリンをやっている若い女性にも出会う。彼女は痩せぎすの神経質そうな男性を連れていた。もしかしたら、レンコが気をつかって日本人を連れてきたのかもしれない。そのうちの二人とアナ、レンコでレストランに行き、いろんな肉料理、パプリカサラダ、ワインを食す。タクシーで一二時過ぎに帰る。

## 君子危うきに近寄らず

**一三日**　ベオグラードからザグレブへ。八時半に駅まで歩いて行く。ところが荷物点検を微に入り細を穿《うが》って行っており（後でレンコに聞くと数日前に爆弾騒ぎがあったそうだ）、待たされる。私はこの際にこの間見られなかった国立美術館を見ておこうと荷物を担いでタクシーに乗る。博物館は一階が考古学時代のもの、二階が中世と一七、一八世紀の絵画（王冠の絵とか貴婦人の肖像画とか、一七世紀のトルコ人との戦いの様子とか）があって、三階は二〇世紀のフランスの印象派、この国の印象派があった。

中央には、ナポレオンとの戦争の展示があった。いろいろな本で読んだり、映画で見たりしたその時の様子を思い浮かべる。もっと本を読もうと思ったものだ。

そこを一二時に出て、歩いて駅まで戻る。電話で連絡しておいたので、アナとレンコが見送りに来てくれた。

バスは一時半に出る。平坦なポプラ並木とトウモロコシ畑の続く道を、遠く山々を眺めながら、進む。二回ばかり休憩をとる。バスの中では、人々が親しくなってきて、後ろの方では、アコーディオンを弾きだしたり、アルコールの瓶がこちらの方までまわって来たりした。

七時半にザグレブに着き、呑気に構えていたら、ＹＨでは空部屋がなく、ツーリストビューローは閉まっていて、ちと困ってしまった。ガイドブックにある安ホテルに電話しようと、郵便局へ行こうとしていると、黒人のおにいさんから声をかけられて、彼がいろいろ電話してくれるが、どこにも空いている部屋はない。この時期、国際見本市が開かれていて、どこでも満室なんだそうだ。

ブルンジ人だという男性の言うままに（だいぶ用心はしたが）、荷物を駅に預け、トラムに乗って大学の寮に行く。先ほど電話しておいたが、寮内の部屋は駄目で、ブルンジ人の友達のセネガル人の部屋に行くと、二人でここに泊まればいいと言う。友達ならいいじゃないか、と二人で言うが、そんな危ない橋は渡れない、とにかく早くこの場を逃れようと、日本では男女一緒の部屋は両親が許さない、とか、日本人は礼節を重んじるのだ、とか言って、逃れようとするが、相手も秘密にしておけばいいじゃないかと食い下がる。

やっとの思いで逃れると、別の寮のフロントに行く。二人の男もくっついてきて、部屋はないと言われたら、今度こそ自分たちのところに泊まれ、と迫ってきた。私は神にも祈るような気持ちで尋ねると、一つだけ空いている部屋があって、そこはキッチンの脇の守衛室みたいな部屋であった。そんな部屋でも心から安心する。男たちはあっさり帰っていった。夜中に男女の騒ぐ声がして、よく眠れず。

## 聖ステファンの夕陽を後に

**一四日**　明け方に目を覚ますと、誰かがガラス戸からこちらを窺ったりしているようなので、おちおち寝てもいられず、起きてしまう。降りていってまたフロントで長く待ち、釣銭がないとの事なので五ドル紙幣で支払う。

長く待ってトラムに乗り、駅を目指すが、駅には行かず、最後まで乗ると、郊外の緑の小丘の美しい住宅地に至る。

折り返して、共和国広場で降り、左手の階段を上って行く。広場を南下して駅に行き、ブダペスト行きの汽車の時刻を調べると朝の七時半と夜の二一時しかない。午後に出るバスを探して、パンをかじりながら、またバス停まで歩く。しかしバスは明日までなくて、考えた末、今夜の汽車に乗ることにする。一二時から一二時半に駅でというブルンジ人との約束をすっぽかすべく、慌てて見本市会場行きの直通バスに乗り込む。

国際見本市というのは、万博を小粒にしたようなものだなと思う。食料品のブースでソーセージ、赤ワインに魚（メルバ）を食べる。日本の三洋とか東洋重機などが出店していて、お城とか歌舞伎の写真があって、懐かしく思う。

ソ連のブースでは、タシケント、サマルカンドの写真があり懐かしかった。その他、南米、アフリカ、アジアの小国が集まった建物では、長々とイラクのお祭りフィルムを見たり、ブラジルコーヒーをタダで飲んだりする。まだまだ知らない国が沢山あるんだなあと思い、トルコ以東の見知らぬ国々、インド、パキスタン、マダガスカルなどの写真に惹かれる。

昨日の黒人のおにいさんと偶然出会うのを恐れつつ、疲れていたが、あちこち回って、四時までいる。またバスに乗って、駅に帰り、まだ時間があったので、北側の住宅地を歩く。古い大構えの門を持った家並みが小丘を詰めていて、丘の高みには教会があり、木の階段、門を眺める。内部の中庭の様子もすごく良い。見とれて、さまようちに、聖ステファンの尖塔に夕陽がバラ色に輝いて美しい。そこから歩いて小さな公園に行く。そこのベンチに座って孤独を楽しむ。一時間ほどいる。前にある三階の窓からは男女のシルエットが伺われ、想像力を掻き立てられた。肌寒くなってきたので、公園を出て、丘に沿った古い金持ちそうな家々を見て、日が暮れてきたので、丘を下り、繁華な街並みを通って駅まで歩く。

オーストリア・ハンガリー時代を思わせるような街のたたずまい。一日この街に留まることを辛く思ったが、見本市や夕暮れの家々を見たことで、想像力を掻き立てられる一日であった。

駅で二時間ほど待ち、ブダペスト行きの夜の汽車に乗り込む。

コンパートメントでは、高校生くらいの女の子たちと一緒になる。その後ハンガリー人らしい中年の男たちが二人入ってきたが、その羽織った革が臭くて臭くて！　夜は物凄く寒くてよく眠れず。

## ブダペストのサーカス

**一五日**　朝の五時半、ブダペスト着。まったくしんどい。部屋探しのフロントは、八時半からしか開かないので、駅内のカフェでコーヒーとパン、ソーセージを食べて、時間を潰す。八時半に観光案内所が開き、民泊の部屋を見つけ、前払いで支払う。地図をもらって、駅に荷物を預け歩き出す。

バスでウィーン行きの時刻を調べ、その近くのパン屋でパンを買う。クルミの入ったクロワッサンみたいなものがすごく美味しい。

船でのウィーン行きはなく、明後日の船下りを予約してから、橋を渡り、ブダ城へ行く。途中、橋の上で男が食事どう？と話しかけてくる。

凄く疲れていたが、ナショナルギャラリーへ行く。数々の肖像画や農民絵画が良かった。もう一つの歴史博物館には革命以降の作品があったが、マジャール語で読めず、つまらなかった。愛想の良い係のおじさんが、ドイツ語で話しかけてきて、拙いドイツ語でしばらく話す。それに別のおばさんが英語で懇切丁寧に、一九四四年から四五年にかけての地図を（わざわざ灯りを付けてくれて）指し示しながら、説明してくれた。ここは外人観光客が少ないようで、概して親切であった。それに別の歴史博物館はブダ城の地下から発掘された物品で、面白かったのは、地下の空間を再現して、それらを展示しているということであった。それらを頑張って観てまわる。

それからブダペストの高い空、やさしい薄雲などを眺めながら、マティアス教会、有名な漁夫の砦などを見て回る。

アグファ社のカラーフィルムを買うと、一五〇フォーリントも取られ、近くのレストランに行って食べたかったのだが仕方なくまたメトロに乗って中心まで行く。ドルを換えて、豪勢に食べようと思っていたのに、銀行が見当たらず、仕方なくまたメトロに乗って、東駅まで行く。そこでドルをフォーリントに換え、駅前のホテルで、ビール、パプリカ、チキン、トマトサラダ、コーヒーを、ピアノ伴奏付きで食べる。内容はそれ程おいしいものではなかったが、九〇フォーリント支払う。

大通りを歩いて、共和国通りから英雄広場まで行く。まだ四時で、七時半からのサーカスを見ようと急に決め、時間があったので、メトロに乗って国会議事堂へ行き、暮れ方のドナウ河を見てまた歩き、マルクス広場を通り、英雄広場に戻る。途中で絵はがき（なかなか売っていない）を買う。

公園を歩いて、サーカス場を探し、四〇フォーリントで一番良い席を買い、ベンチで昼間買った辛いソーセージやパプリカなどを食べ、一時間程潰す。

サーカスは七時半から始まる。馬、ライオン、犬の芸。アクロバット、ブランコなどあり。途中、観光客の参加あり、そこに奥さんが猛反対、押し切って出た男に対し奥さんも舞台まで出てしまう。これはどうやら余興のようだった。

**一六日**　今日こそはおいしいものを食べようと、ガイドにあった広場にある二つのレストランを探す。まず駅に行って、汽車の切符を買っておこうと、メトロに乗って、駅に向かう。ところがウィーンまでの切符は、五ドルプラス一〇八フォーリントで（国外の切符は外国の通貨で買わなければならない）レストランに行けなくなり、ソーセージなどを駅で食べて、虚しく帰る。

オレンジジュースを半分飲み、下に置いて、ソーセージを買うために列をつくっていると、男の子が表れ、ジュースを飲んでしまう。文句を言ったら新しいのを買ってくれた。捨てたのかと、思ったのだそうだ。

疲れてお腹が減っていたところへ冷たいビールなどを飲んだので、少しお腹が痛くなる。荷物を出し、タクシーで朝もらった住所に行く。ドイツ語を話せる夫が出てきて、妻はフランス語が少しできると言ったが、結局その妻という人は出てこなくて、私と一度も話さなかった。

昨日ここに泊まったというチェコスロヴァキア人のおじさんが来て、少しドイツ語で話す。今夜の汽車でプラハまで帰るのだとのことであった。

お金が足りなくなるのを心配して、サーカス場で換金していたのを思い出し、はるばると暗い道を行くが、閉まっていた。八時過ぎてから民宿に帰る。シャワーを浴びてゆっくりし、絵はがきを、一緒にトルコを旅した人々に書いたりする。

## ウィーン――さすがはオーストリア

翌朝は七時に起きて（まったく子どもは毎朝泣くし、ゲストに対する尊重というものがかけらもない家である）、支度をしてバスに乗り、駅まで行こうとするがそのバスは案の定駅まで行かず、重い荷物を担いで二〇分程歩く。またまた脂っこいソーセージとオレンジジュースを買って、フォーリントを使い果たす。

コンパートメントはなぜか空いていて一人。この汽車はオリエント急行で、そのワゴンはドイツのシュットガルト行きであった。夜来の雨はあがるが、曇りで、ちと沈鬱なハンガリーの平原を行く。一一時頃、ハンガリー側の税関が来て、その一時間後に国境を越えて、オーストリア側に入る。これで西ヨーロッパに戻ったわけだ。

ウィーンに着き、駅前でガイドにあったホテルに電話するが、ナンバーが変わっている。何だか面倒になって、駅にあった観光案内所に行くと、すぐ電話をかけてくれる。一五〇シリングで予約する。さすがはオーストリアだと感心する。地図をもらって、荷物を担ぎ、一〇分程歩いて、教えられたゲストハウスに行く。きれいな近代的なペンションで良かった。一時間程休んで、曇り空の街に出る。

地図を頼りにリンク内にいくが、店は閉まっている。人々はたくさん出ており、良い服装をしていて、小奇麗なカフェでドリンクなどを取っている。まったくドイツ・オーストリアのイメージどおりである。お腹が空いていたのだが、あまりにスノッブそうなカフェとかレストランばかりで、みすぼらしいヤッケでは入りにくく、またまた昨日に引き続き、ソーセージとビールと野菜サラダを、西駅に行く途中の通りで買う。しかし、脂っこいだけのハンガリーの物と違い、洗練されていておいしい。見知らぬおばさんが買ったのをみて、パテも買う。

駅に行き、そこのキオスクで、カステラ風のビスケット、ミルク、チョコレートを買い、六時頃疲れて帰る。

疲れのせいか、やたら甘いものが食べたい。

あまり行く気にもならなくなっていたが、もうお金（二四〇シリング）を支払ってしまっていたので、八時からの夜のエクスカーションに行く。バスはホテルまで迎えにきてくれて、スイス人の中年夫婦と一緒（おばさんの方はイタリア人でフランス語ができた）。バスの終着場で乗り換える。いろいろな国籍の人々が集まっていた。イタリア人、スペイン人が多かったようだ。夜のウィーン。少し眠い。色の変わる噴水やヨハン・シュトラウスの像など。ネクタイのおじさんが四か国語を器用に、しかしわかりにくくこなす。丘の上に行くが、小雨で街の灯はよく見えず。丘の下の村に行く。ひどく観光的。一軒のビストロで白ワインとサンドウィッチに与かる。人々はアコーディオンとヴァイオリンの伴奏で歌を歌う。陽気なイタリア人などは、バスに戻ってもなお歌っていた。私は少し気が沈む。一〇時半頃帰り着く。

## ストラスブールへ

**一九日**　九時過ぎにゆっくり朝食。ウィーンの郊外に出ようと思っていたが、小雨なので、止めにして街を歩く。

まず駅に行って、お金を換え、トラムの切符を買って、オペラ座で乗り換え、リンク回りのトラムでヴォチフ教会近くの案内所へ行き、シュットガルトまでの切符を割引で安く買う。ストラスブールまではなかった。歩いて南下し、ホーフブルグ宮に行く。ドイツ語のきれいなおねえさんのガイドでまわる（人が多すぎてよく見えなかった）。

そこを出て後、公園をグルグルと回った挙句、宝物コレクションを探しあてて、三時の閉館前に入れる。中には王冠や豪華な衣装、金銀財宝があった。ナポレオンの肖像画や息子のローマ王の飾り立てた籠などもあった。四時にそこを出て、ブラブラと聖ステファン教会の方に行く。教会に入り、内部を見る。ドナウが見たいと思い、歩くが、護岸工事中で、河そのものも、ちぢこまっているようでつまらない。またまたそこら辺の売店でソーセージを買って立ち食いをする。

ケルトナー通りを避けて、少し裏の道を、オペラ座に戻る。途中日本レストランを見つけたり、犬の糞を踏んだりする。デパートの食料品売り場で、オーストリアの白ワイン、ハム（おつまみのおいしい国なので）、パンなどを買ってペンションに帰る。寒いので、何か温かいものでも食べたいと思ったが、レストランに入るのも面倒で、時間も悪く、六時前には帰ってきてしまう。シャワーを浴び、部屋で買ってきたものを食べ、ゆっくりする。ベッドに寝転んで、トルコで配布されたいろんな資料を読む。

**二〇日**　朝食はベーコンエッグなど食べて一〇時に荷物を背負って出る。駅まで歩き、コインロッカーに荷物を預ける。シュットガルトからストラスブール行きの切符を買うべく、案内店の住所を教わり、電車でフリードリッヒ通りまで行き、ようやく買えた。

一二時になってしまい、シェーンブルン宮に行くのは諦めて美術館へ行く。地階はエジプト、ギリシャの作品、ハプスブルグ家の金銀財宝、一階はイタリア、オランダなどの絵画。少し大ざっぱに観る。それが三時で、後は歩いてハプスブルグ家のクリプトを観る。マリア・テレジアとその夫の肖像、ジョゼフィーヌ、フランツ・ジョゼフとエリザベートの肖像画などがあった。

聖ステファン教会の横を曲がり、モーツアルト記念館に行くが、二部屋しかなくて、まったくの期待外れ。オペラまで歩き、電車に乗って駅に戻る。駅のレストランでウィーナーシュニッテルとビール、コーヒーを食す。一一八シリングでお金、ちと足らず、五ドル札で支払う。六時一〇分発の列車のパリ行きでウィーンを発つ。

列車の中ではうるさいオーストリアの青年二人と、ザルツブルグで降りた良さそうなアメリカ人の女の子二人が乗っていた。

トルコから出発して、トルコ帝国の影を追い、ギリシャ、ブルガリア、ユーゴスラヴィアを経て、その影は薄れて行き、それに代わってオーストリア・ハンガリー帝国の影が濃くなっていった。

**二一日**　ストラスブールに無事帰着。

これで一か月半に及んだ私の旅行は終わった。

# タイ・マレーシア紀行

＊これらの話は今から三〇年ほど前の話である。三〇年の間に経済発展は著しく、街の趣も変わっていることであろう。その事に留意して読んでください。

# タイ

## バンコック――不潔と清潔の街

一九ｘｘ年二月、私は一人の友人と共にタイ、マレーシアを旅した。モノレール乗り場で待ち合わせて、雪道を少し歩いて、羽田国際線ターミナルへ。羽田の設備は成田より遅れた感じであった。中国人や日本人の団体がかなり多い。八時発のチャイナ航空で離陸。台湾で乗り換え、香港経由でバンコックへ。夕方の五時過ぎに到着。ホテルはインフォメーションで聞いて、マイアミホテルにした。空港のリムジンバスでホテルへ。初めて観るバンコックである。古い小型のトラックの荷台に大勢の人たちが乗っていたりする。国道を（椰子の並木が南国情緒を醸し出す）二〇分程走り市街へ。マイアミホテルはちょっとダウンタウンから離れていて、一番先に降ろされる。部屋はバス、トイレ、冷房付きの広い部屋で三五〇バーツ。造りも悪く、古めかしい感じだが、お湯も出るし、何よりも、安いという利点があった。

一休みして、友人のAと一緒に大通りに出る。歩道はかなり暗く、出店が出ていて、外国人観光客も多い。暗くても危険な感じはなかった。角のレストランで甘いカレーとビールを食す。中国人の経営で、「中国人は皆金持ちだ」とタイ人の人懐こいボーイがボヤいていた。このボーイが私の顔をじっと窺ってサービス料をぼったのだった。疲れて一〇時に寝る。

翌日は五時に目覚め、ウツラウツラとして八時に起きる。昨日食べ過ぎたせいか、胃が重い。九時近く、下の食堂に下りて、朝食。紅茶、まずいパン、ジャム、バター、おそろしくまずいジュースで三〇バーツ。部屋から知り合いのペレ神父に電話を試みるが、なかなかかからず。たぶんホテルの交換嬢のせい。待ちに待って、やっと繋がり、午後行くことになる。それやこれやでぐずぐずして、一〇時半頃ホテルを出る。フロントで愛想悪く教えられたとおり、40番のバスに乗り、駅に行く。一バーツ出して、切符を買う。お兄さんが切符切りの細長い円筒のブリキ管をカタカタいわせて、バスの中を回っていた。

中央駅で降りて、案内所で聞き、割とスムースに明後日のチェンマイ行きの夜行急行の寝台を予約する。駅の構内にはベンチがたくさんあって、大勢の人が座っていたが、別に危険な感じはなかった。

　そこからチャイナ・タウンに歩いて行く。ガイドブックにあった棺桶屋、乾肉屋、等いわゆる市場通りにも行く。おんぼろ車やサムローの警笛、マフラーがないためにすごいエンジンの音、その排気ガス、大勢の人が狭い歩道を歩く等でかなり雑然とした、埃っぽい感じの中華街。

　大きなエイみたいな魚をくくりつけた自転車が信号のない四つ角を、車の間をぬって横切って行く。市場通りでは、肉屋が首を切り落としたペキンダックの丸焼きや、豚の内臓が飾られ、魚屋ではヒラメみたいな白い腹の魚とか、鯉のような魚のぶつ切りとか、暗緑色のカニなどが並んでいたりする。果物屋には、ドリアン、青いマンゴー、その他名も知らない種々のフルーツが並ぶ。この通りは、泥水の溜まった道の上に板が通してあったりするところがいかにも不潔きわまりない。

　果物の切り売りの屋台、通りには皿を並べた屋台兼食堂があり、汚い大鍋からスープを掬《すく》ったり、建物を崩した後の空き地、隣の壁が剥き出しになっており溜まり水があるところなど、素早く修復できないこの国の貧しさが窺える。

　しかし人々の恰好は、なかなかこざっぱりしており清潔そうである。特に女性は、時代遅れではあるがコケットリーな服装をしている。

## エスペランチストのペレ神父を訪問

駅に戻る途中で、少し道に迷う。さすがに英語は通じず、地図にあるタイ語の駅を示してやっとわかる。

一時になってエスペランチストのペレ神父を彼の教会に訪ねていく。迷ってやっと見つけたが、彼はおらず、一時間後にまた訪ねることにして、取りあえず近くの冷房の効いた中華レストランで昼食。まずビール、牛肉と菜っ葉みたいなものを炒めた皿、Aは烏賊《いか》と、同じく菜っ葉の炒めものを注文して、辛いスープを掬って食す。なかなか美味。

二時過ぎに戻ると、ペレ師が帰ってきていて歓迎してくれる。

それから延々と六時までおしゃべり。と言っても、相手は六〇がらみの小柄なカトリック神父で、フランス語訛りがあるので、「お国は」と聞くと、やはり北フランスであった。タイには二七年も住んでいるそうだ。コーヒーにウェハースを出してもらう。師は少し俯き加減で、いろいろ細かい気を使う。「暑すぎないか」とか、「コーヒーがいいかレモネードがいいか」とか。立ったり座ったりしながら、エスペラント関係の本をいろいろと出してくれた。

フランス人がエスペラントで吹き込んだという歌のカセットをもらう。その後いったん席をたって、なかなか戻らない。忙しいのかなと思いつつも、Aと私は所在なく待つしかない。師は戻ってきて、近くの中華料理屋に予約を取ったという。二時頃食べたので、お腹は空いていなかった。それで六時くらいまで、ダラダラといろんな話をする。エスペラントのわからないAにとっては、さぞ退屈であっただろう。六時に中華料理屋に行くが、それは案の定、昼間食べたレストランであった。しかし暑い中を野外でウロウロするのを避けられたので、その点は幸いであった。

そのレストランで、豚の足、鯉のドロッとしたスープ、豆腐、肉だんごの入ったコンソメスープなどをご馳走になる。賄賂が多いという話、それでも「タイ人とはどういう人たちか」と聞くと、「魅力的な人々」と言っていた。「一生涯ここで暮らす」とも。

七時に別れ、駅まで歩いて、バスの40番に乗る。朝と同じ車掌のお兄さんで、このバスはサイアムセンターを過ぎた後は、右に曲がってしまうから、サイアムセンターでバスを降り、48番を捕まえて、ハイウェイを越した辺りで降りれば良いと親切に教えてくれた。そこから歩いて、ホテルに帰る。汗だくになってしまい、変なクーラーでもやっぱりあって良かったとつくづく思う。

夜、Aによれば、足の疲れは夜間のクーラーのせいだという。そういえば、朝は足腰、肩が痛い。

## 先史から王朝史、王家の部屋

翌朝の朝食は昨日買ったパン、チーズ、牛乳で済ます。八時半にホテルを出て、バスの2番に乗り、国立博物館へ行く。広場を横切って(横断がなかなかできなくて難儀した)、ようやくたどり着いた感じ。

九時半ギリギリで、日本人女性のボランティアによる無料ガイドのグループに潜り込む。三グループができていて、私たちは、まだ若い柳腰の、日本語の乱れが若干みられる(「いわゆる」とかを頻発する傾向のある)明るい顔の女性のガイドに従って歩く。これは現地ではなかなか知られているらしく、大勢の日本人が集まっていた。先史から王朝史、王家の部屋をそのまま移転した建物(仏教は並行を嫌うとかで、みな長四角型)、その他葬儀に使う部屋、服装の部屋、楽器の部屋、仮面の部屋、と回って約二時間。

昼近く、タマサ大学の構内に入り、レストランでソフトドリンクのセブンアップ、アンズの菓子パン、ビーフンのラーメン、シュークリームでしめて一三バーツの食事。ついでに学生たちがサッカーに興じているグラウンドの奥に行って、トイレを借りる。そのさらに奥、学生たちが憩っているベンチの向こう側に悠々たる流れのメナム河が見える。

暑い中を歩いて王宮へ。一時。キンキラキンの寺院の建物。エメラルド仏、風鈴の音、さわやかな扇風機からの風。また午後の酷暑の中、入り口がわからなくてウロウロしながらボウ寺院に涅槃仏を見に行く。最初はそこを左に入ればいいのに、何も書いてないので、本殿の方に行ってしまう。閉まっていて、帰りかけるが、ガイドブックを見て、礼拝堂とやらをさがしてまた戻る。やっと涅槃仏をさがしあてる。

五時近くのバス48番に乗り、本当はサイアムセンターで降りるつもりだったのだが、乗りこしてしまい、五時過ぎにようやくホテルに帰り、いったん部屋でビールなど飲んでくつろぐ。向かいの家の窓からは、遅い午後の光が反射していて、ビールの軽い酔いも心地よい。

六時頃、元気を出して、バスに乗り、サイアムスクエアに。そこの本屋、レストランなどを冷かして回り、センターに。隣接したビアガーデンで、クロイスタービール、タイの辛いソーセージ、乾し牛肉などを食べる。

またバスに乗って帰り、ホテルのフードセンターなる所に寄る。その際、蒸留水を買う。一昨日、マメを作った左足の甲が今日一日中、サンダル履きで歩いていたら、ばい菌が入ったようで痛むので、消毒をしようかと考えたのだ。これは効果がなかった。

バスの車掌、教会の受付の男の子などに見られる仕草の優雅さ、控えめな親切さに心打たれる。

## とてもいい人たち

翌朝になって、クーラーを付けようとしたら、左足痛し。みると、一昨日マメになった所が陥没して、周りが膨れ上っている。これはまずいと直観し、急いでペレ師に電話しようとする。Aはさっさと起きて、荷物を作り始めている。この人の早起きにも困ったものである。結局は私も目が覚めてしまうのだから。トイレの水が出ないので、痛い足を引きずっていってクレームする。

ペレ師への電話はなかなか繋がらず、困ってしまう。かなり電話の状況も悪くて、三台ある公衆電話のいずれにも何人も人が列を作っている。私は三〇分以上粘って待ったが諦めて直接行くことにする。

「ペレ師は私が「問題が起きてしまいました」と単刀直入に言うと、むしろうれしそうな顔をして、私の足を見てから知り合いのクリニックに電話してくれた。

友人のAは外の階段に腰かけて、本を読んでいた。Aに説明して待ってくれるように言ってから、クリニックへ向かう。

往復にサムロー（三輪タクシー）を使ったが、私がお金を払おうとすると、「マイペンライ（気にしないで）」とかなんとか言ってどうしても受け取らなかった。その女の子は一四、五歳くらいであろうか、人なつこい笑顔のさわやかな小柄な子であった。

クリニックでは中国人の英語が堪能な医者で、私はちょっと慌てて、拙い英語で話す。お尻にペニシリンを打ってもらい、傷口にはバンドして、二種類の薬をもらい、二、三日通うことになる。

またサムローを飛ばして、この一言もわからない、ニコニコした女の子と、風に吹かれて喧騒の街の中を帰る時、何だか自由な心楽しい気分を感じる。心配事がなくなったせいか？

ペレ師はお昼の予約までしてくれていて（今朝、角のタイレストランで私の足を見せながら何やら説明していた）、Aと私の二人分の用意がしてあった。

そこで、牡蠣のソースのかかった甘いスパゲッティみたいなもの、肉だんごのコンソメ、甘いカレーとご飯、さらに葉っぱに包んだ海老とキャベツの煮込みを食し、茶色の水（お茶？）を飲み、デザートまで女の子が出してくれる。途中にペレ師がちょっと顔を出して私の足の具合を聞いてくる。ゆっくり食べて、さてお金を払おうとするとどうしても受け取らない。最前ペレ師がお金は足りているかと聞いていたので、きっと彼のおかげかと思う。後でペレ師に確かめると、彼らはとてもいい人たちだから、とか言っていた。私たちはご好意に与かることにする。いずれにせよ、やさしい人たちである。

ペレ師の事務所に一度戻って挨拶し、駅まで行って、明日朝の予約した切符を私の分だけキャンセルする。Aは一人でチェンマイに行くことになる。

## たった一人の客

ホテルを変えることにして、ニューロードにあるラマダホテルを探し、シングルの部屋（四五〇バーツ）を取る。タクシーの運転手がラマホテルと間違えて運んだので、そこから荷物を担いで歩く。Aの荷物の入れ替えを手伝って、再び駅へ。Aを見送ってから、食料品屋を探して、ウロウロする。マイアミホテルの周りには二軒もあったのに、ここでは見当たらない。

このニューロード辺は古い街なみで、通りの喧騒はいっそう騒がしい。かつては賑わいのある通りだったというが、今ではその面影もない。通りの端まで行って折り返し、疲れてペプシコーラを一本買っただけで帰る。ホテルの下の食堂で（たった一人の客）、チーズサンド、ビール、サラダ、さらにワンタンを食す。しめて一五〇バーツ。七時頃部屋に戻り、風呂、髪を洗う。足をバスタブの中に入れられないので、非常に苦労。部屋でゆっくりくつろいで、山崎朋子の『サンダカン八番娼館』を薄暗い灯りの下で一一時過ぎまで読みふけり、一人ゆっくり寝る。

翌朝は九時近くまで寝て、下の閑散とした（というかいつも私一人）の薄暗い食堂で五五バーツも支払ってハムエッグの朝食。一〇時半にホテルを出て、ニューロードを歩いてクリニックへ。受付のお姉さんは顔を覚えていてくれて、にっこり。また注射してバンドしてもらい（傷口はだいぶ良くなってきたとのこと）、明日また来いと言われる。

ラマ六世通りまで歩き、そこの、映画館やら食べ物屋やら雑然とした喧噪のT字路から、慣れた顔つきで五バーツのバスに乗り、ホテル・デンタニの角で降り、シロム通りを歩く。この街一番の西洋的大通りと聞いてきたのに、洋風なのは銀行とかホテルとかのごく大きな一部の建物と、路の真ん中に植えられた緑の樹林帯のみで、後は相変わらず車が多く、うるさい。消耗させられる通りである。東京銀行に行ったら、パスポートなしでは換金できないと言われる。目抜き通りなのに、ジャングルっぽいあき地あり。

あまり疲れてもいけないと、足をいたわりながら、食品屋を探して歩き回る。ニューロードまで来て、右に折れ、さらに左に入って、オリエンタルホテルの船着き場で明朝のフローティング・マーケットのボートツアーの予約をする。二〇〇バーツ。

オリエンタルプラザとかいう、入るとガードマンが敬礼してくる、外国人観光客向けのブティックが集まったビルに入る。周りはうらぶれた裏通りで、お昼用の、お盆にご飯やおかずなどを載せて、小さな女の子がお使いしていたりするのに、一歩そのビルの中に入ると、豪華なシャンデリアが輝くブティックが並んで、タイ・シルクの洋装店などがある。しかしお客は少なかった。

シュリマン通りを、ペニンシュラホテルの方まで行き、途中奥まった裏通りに至る道で、列に並んでパイナップルジュースを買う。ニューロードに再びもどり、我がホテルを越して、右にちょっとしたスーパーマーケットを見つけて、四分の一リットルの牛乳、チーズ、ビスケットを買う（何故かバターやジャムは売っているのに、パンが見当たらず）。ホテルに一旦帰って、部屋で昼食。本を読んだりして、四時まで休む。

## ボートツアー

四時過ぎに出て、ニューロードをシロム通りの合流点まで行き、少し先に行って戻る。このニューロードは夕方の喧噪がまた一段と激しく、狭い歩道に屋台や店からはみ出した棚が置かれ、道行く学校帰りや勤め帰りの人々に混じって、汚い日よけから滴り落ちるクーラーの水をよけながら歩くと、浮浪者たちが目についた。

シロム通りのセントラル・デパートは幸いにも開いていて、急に涼しい空気の店内に入り、気持ち良く三階までの全部を見てまわる。日本や西洋のデパートにそうひどく変わるところはない。一階の奥が食品売り場で、大きめの「ドリンキング・ウォーター」（そう書いてある）、シンガービールを各二本買って、ついでにヨーグルトとトマトも買い、入り口のコーナーでフランクフルトソーセージみたいな太いものを入れたホットドッグを買って帰る。

部屋でビールを飲み、Aが置いていった魚の干物をおつまみにして、良い気持ちになる。
八時に遅い夕食にしようとして、ホットドッグを開けたら、恐ろしくまずいソーセージ。半分も食べられずに捨てる。少し胃がムカつく。また昨夜のように『サンダカン八番娼館』を読んで、一一時半に寝る。のろまなゴキブリが出た。

**二四日**　六時半に起きて、七時半に船着き場に行く。一五人程の客（主に無銭旅行者風の若い人たち、マレーシアホテルに泊まっていると言っていた）、アメリカ人の夫婦、ドイツ人、それに私より先に乗っていた日本語のできる台湾人、など。

チャオプラヤ河をしばらく下って、運河に入り、川筋の貧しげな水上生活者、高い床下のトタン葺きの家、洗濯物が並んでいる様子を見る。ここの人たちは純朴で、観光客の船に向かっても人懐こく手を振る。こちらでは、それに挨拶も返そうともせず、カメラをパチパチやっている連中ばかりなのに。何だかあの人たちを人間として認識していないのではないかと思われる。泳いで物乞いに来た少年。スネークショウの男たち。みやげもの屋で一〇〇バーツの小さな象のアクセサリーを五〇バーツに負けさせて買う。

国立博物館の横の桟橋で船を降ろされる。変なところで降ろされたな、と思っていると、ちっぽけな汚いマイクロバスが用意されてあって、そこに一〇人程が乗り込む。

案の定、これから宝石ファクトリーに案内するとかで、バンコックの北にあるファクトリーに連れていかれる。無料のドリンクを入り口でもらい、さあ、さあ中へ、とギョロ目の中国人（この人が昨日切符を買った時からズッと付き添っている）に促されて二階へと行くが、サファイアか何だか、ごく高価なしろものばかり、しかもこちらは、マレーシアホテルに泊まっているような、金のない若者ばかりで、誰も何も買わずに、一階の手職人の石磨きを見ただけで、バスに戻る。

ギョロ目の中国人が、さあこれからどこに行きますかなどと聞くので、若者たちは一斉に「ホーム」と答える。

王宮とか公園の比較的きれいな通りを通って、サイアムセンター横の四つ角を抜けて行く。私はシファラヤ通りのクリニックに一二時までに行かねばならず、その由を告げてバスを早めに降り（若者たちはマレーシアホテルに行くということだが、交通渋滞でいつになるかわからない）、歩いてクリニックへ。クリニックでは明日チェンマイに行くお許しが出る。

## またしても「マイペンライ」

クリニックの後、すぐホテルに帰り、一休みしてから、再び出て、スリオン通りの両替屋で一五〇ドル替えて、ラマダホテルに戻り、そこのレストランで中華風ステーキの、甘いというか、辛いというか、濃い味付けの柔らかい肉にアスパラガスの添えてあるご飯とビールでしめて四八バーツ、ちょっと愛想の良かったウエートレスの女の子に二バーツのチップをやり、ポラリスという名のビールを持って部屋に帰る。昼寝したり本を読んだり、気ままに過ごし、五時に出て、ロザリー教会に行く。

シロ・ポという人を待って、ペレ師の部屋の外の石のベンチで手紙を書く。

六時過ぎにポ氏が現れて（まだ若いエスペランチスト）、タイ語の発音について聞いたり、チェンマイの情報を聞いたりする。

ペレ師は七時から八時までお勤めで、八時過ぎに白いローブを着て帰ってくる。彼の着替えるのを待って、三人で出かける。バスに乗って、中華街に行き、大きな中華レストランにて、三階の誰もいないゆったりした空間で、中華風すき焼きと豚肉の串焼き（ココナッツバター）、ビールでお別れの晩餐を楽しむ。誠に申し訳ないことに、ここのおばさんと女の子たちは、カトリック信者らしく、また「マイペンライ」と言って、お金を受けとろうとはしなかった。

75番のバスに乗って、ホテルの前まで送ってもらい、一〇時に帰る。

一〇時過ぎにAから電話があり、チェンマイで無事に過ごしているらしい。明日彼女がバンコックに戻ってきて、私がチェンマイに行くことになる。

夜は何となく心楽しく、昼寝をたっぷりしたせいもあって一時に寝る。

翌朝は八時に起きて、九時にクリニックへ行く。中国系の医師が保険用の診断書を書いてくれたが、かなり手間取る。

一〇時頃ホテルに帰って、荷物をまとめ、フロントのおばさんに一〇バーツを渡して、今夜くる小柄な日本の女の子が101号室に泊まるということをクドクド説明する。貴重品は預かれない、とのことで、ペレ師のところへ、駅に行きがけによって預ける。

一一時に駅に着くと、一一時半にアユタヤ行きがあり、その三等に乗り込む。土曜日のせいか、かなり混んでいて、立っている人も相当いる。ガイドブックにあったように、籠を下げたおばさん、女学生たち。

## サムローでアユタヤ見物

一時一一分にアユタヤ着。駅でかなり待って今夜のチェンマイ行きの寝台切符を買い、荷物を駅で預かってもらって、外に出る。サムローのおじさんに声をかけられ、三時間で七〇〇バーツというところをどうにか値切って、四時間で四五〇バーツとする。彼の弟なるたくましいが童顔の、ちょび髭を生やした青年のサムローでアユタヤ見物に出かける。

田舎道をトコトコ一〇分程行き、山田長政の墓へ行くと、さっそくもの売り。お線香をくれて、お茶を出してくれたおばさんには、五とか三〇バーツくらいは出すものだ、と運ちゃんに言われ、しょうがなく（まあ墓守もしているようだし）、一〇バーツ置いて、訪問者リストに名前を書き、出る。そこからワットパナンチェーンなどの遺跡群に行く。

暑くて草いきれでボーッとなってしまう。最後に美しいラマ公園を訪ねる。木陰のベンチに座って、おじいさんが夕食を食べていたりする。スイカの切れはしを買って食べ、運ちゃんに繁華街まで送ってもらう。五時過ぎにその繁華街の角で運ちゃんと別れ、メインストリートを往復する。時間も早いし、あまり小綺麗なレストランもみあたらず、しかたなくマーケットの入り口でカレーパンを買い、別の店でドリンキング・ウオーターを買う。そのメインストリートの真ん中辺に川渡し場があり、一バーツを支払って舟に乗る。簡単なエンジンの付いた舟である。向こう岸からふり返ってみると、夕陽の中に、暑苦しいが情緒のある風景であった。

舟を降り二分も歩くと駅で、ホームのベンチに座って、トイレ、手拭き、コンタクトレンズを外し、パンを食べて、薬を飲む。夕暮れの中をまた渡し場に行ってみる。渡し場から駅までの通りには店屋がいくつか並び、賑やかというのではないが、付近の住民のたまり場という趣で、うすぐらい街灯のもとで、人々が夕涼みをしたりしている。川の生活者たちの夕暮れ、子どもたちの水遊び。駅に戻り荷物を受け取って、ホームのベンチで日記を付ける。

七時二〇分の汽車に乗ってアユタヤを出る。カナダのように通路と並行になったベッド。若い白人もかなりいる。私は何だか疲れとベトベトした体と、腹にほとんど何も入れてないことでぐったりして、他の人たちが割と涼しい顔をして、本を読んだりしているのを薄暗い席から眺め、しばらくただボーッとしている。八時頃になって、気を取り直して、夜、汽車のレストランに行く。そこでビールとタイ風オムレツを注文しておいしく食べる。タイでは、女性は一人でビールなど飲んだりはしないらしく、隣のおじさんが再三、私の顔を見ているのを感じた。周りは夕食が済んで、酒を飲んでいるおじいさん、その向こうでは、田中角栄をよわよわしくしたようなちょび髯のおじさんが飲みながら、テーブルに居座る。

九時過ぎに戻ると、すでにベッドが作ってある。水で顔を洗うと、割りにさっぱりした気分になり、九時過ぎからウトウトしてしまう。何回も夜中に目を覚ましたが、割りとよく眠れる。朝方は配られたシーツみたいな上がけがないと寒いくらい。

## ドイステープツアー

翌朝は七時に起きて、ボーイが運んできたコーヒーを飲み、乾パンを食べて朝食とする。八時にチェンマイ着。昨日もそうだったが、この駅でも八時の国歌演奏に立ち会う。案内所でAの泊まったプレジデントホテルを紹介され、四五〇バーツを四二〇バーツに値切る。サイトシーイングに、ドイステープツアー(午後)、及びカントーク・ディナーを申し込む。両方で四五〇バーツ。アメリカ人の二人連れの青年と一緒に案内所のお兄さんの車で送ってもらう。ホテルに着くと、まずバスに浸かり、昨日からの汗を流し、洗濯して、くつろぐ。

一〇時過ぎに出て、北の門から市街に入り、歩いていると、サムローのあんちゃんが声をかけてくる。安いし正直そうなので、二時間五〇バーツでハイヤーにする。市の南側の、運河沿いの気持ちの良い場所に連れていってもらい、その後西側の花屋のマーケットを通って、ワットスアンドンクに行く。そこを出て、一時間二五バーツを支払い、東側の門で降りる。そこにあったレストランで(英語のメニューがあった)、ヌードルスープを食べ、ミネラルウォーターを飲む。運河の向こう側の角の案内所に行って、バンコック行きのバスの予約をして、バンドエイド、牛乳、フィルム、さらに帽子を買い、一時にホテルに帰る。

バンコックでは英語に対する拒否反応を示す人たちが見られたが、チェンマイの人々は英語を話そうと努力するし、とても愛想の良いのには感心する。

一時半にロビーに降りて、ドイステープツアーに参加する。小型バスに私を含めて四人プラス、ガイドの女の子、運転手。

ドイステープの脇を通り、なぜかミニバスからミニトラックに乗り換えて(坂道のせいか)、ひどく悪い道を二〇分程行く。途中で兵士たちを三、四人拾って、日本の山のようなかなりきつい山際を通って、メオという村に着く。途中枯れた木々があったり、黄色い葉っぱがあったりして初夏なのに秋みたい。広場で降りて、土産物屋が立ち並ぶ坂道を進んで、村奥の住居に行ってみる。

一バーツをせがむ子どもたち、機を織るおばさんたち。一軒の家に入ってみると、広い土間の隅に二つ程の寝室用のスペースがあって、その家には一四人が住んでいるという。木の繊維を煮るおばあさんが一人で家の中にいた。もう一つの家ではオピウム（アヘン）を吸うおじさんがいる。一〇バーツ支払って、みんなで、臭いだけ嗅がせてもらう。強い草の臭い。

キャンテイというガイドの女の子といろいろ話す。バンコック出身で、おばあさんはセイロンから来たそうだ。

店を冷かして歩く、フランス人夫婦は仏教画を熱心に見ていた。コカコーラが一軒の店では一〇バーツ、別の一軒の店では五バーツであった。

このメオの人たちは山地の細々とした耕地を耕し、織物などを作ってチェンマイで売っているそうだが、続々と来る観光客にどんな気持ちを持っているんだろうか。写真を撮ろうとするとバーツをせがみはするが、それほど人擦れしていないようにも見える。

ドイステープまでもどり、何百段かの階段を登って、お寺に行く。フランス人の男性は、佇《たたず》まいがビルマの寺にそっくりだ、と言っていた。黄色い衣の男の僧、白い衣の女の僧、老若男女のお坊さんたちが、声を合わせてお勤めしていた。見晴らし台から霞にけむるチェンマイを見下ろす。英語とフランス語をしゃべる、バイクで旅行している短パンのお兄さんと出会い、少ししゃべる。そこを出て、暑さと疲れで居眠りしつつ、マイクロバスで山をくだり、五時過ぎホテルに帰る。

## カントークディナー

シャワーを浴び、ひと休みして、七時からカントーク（円卓）ディナー。プレジデントホテルからは私一人、プリンスホテルからはアメリカ人の夫婦二組が乗って、前の方には日本人の男性ばかり八人で、宴会場へ。

タイ風の手の指をよく使う踊り、剣の舞、右側には伝統楽器のオーケストラ。八〇帖ばかりの部屋に絨毯が敷かれ、東洋人や白人、アラブ人も少し交えてのパーティー。丸い盆にいくつか皿が乗っていて、フライドチキン、ポークの煮込み、甘いカレーみたいなトロッとした煮込み、キュウリの輪切りとキャベツ、ハルサメのぼそぼそしたサラダ、脇の小さい網籠にはおこわが入っていた。ビールを注文する。デザートには米菓子とコーヒーまたは紅茶、葉巻が出た。

踊りの後には、宦官みたいなすごく高い声の男性が、時に科《しな》を作りながら、タイの歌、中国の歌、日本の歌などを器用に歌う。そのうちに部屋が暗くなって、もうお開きかとトイレに行きたいと思っていたら、蠟燭を持った踊りがあった。さらにもう一つ踊りがあり、外に出てみると、場所を替えてさらにあるという。

宴会場の裏手に案内され、民族衣装の人々の間を潜り抜け、白い花びらのたくさん落ちているベンチで、山間民族の踊りを見る。ごく簡単なステップやしぐさの物ばかり、男三人、女三人で、輪になって、先祖の男という人が吹く楽器に合わせて輪舞するというような物が二つ、三つ。メオのおばさんたちに混じって、三、四歳くらいの男の子が踊っている。最後に違ったコスチュームの女性たち四、五人がそれぞれ違った旋律の歌を素朴にやや物悲しく歌って、おしまい。

九時過ぎにアメリカ人の親子にさそわれて、ナイトマーケットに行く。オレゴンから来たという人たちで、お母さんがスカートを買いたいと言うので、最初に巻きスカートを買い、次に衣料品の並んだ屋内の奥一角に進み入り、ワンピースを買う（二五〇バーツというのを二〇〇バーツまで負けさせて）。中国系のお姐さんが二人出てきて、そのうちの一人と値段交渉するのは実におもしろかった。向こうは片言の英語と壊れかけたカシオの電卓、こっちは片言のタイ語で丁々発止、やりあう。六〇がらみのアメリカ人の母親は、調子に乗って店員とダンスをしたりする。彼女は選んだワンピースがひどく気にいったようで、店の奥で着替えてしまう。

さらに母親のゴム草履を選んでから、コーヒーショップでコーラを飲んで別れる。サムローに乗って街中の暗い道を帰る。何だか時代物の映画にでも出ているような感じがした。

## チェンマイの田舎道

翌朝は九時近くまで寝て、アユタヤで買った菓子パンの残りと、昨日のコメ菓子の残り、及び牛乳を部屋で食べて朝食を済ませ、ゆっくりする。一〇時頃出て、中央市場を見て回り、駅から町への通りを突き当たりの駅まで行き、その一本下の通りを戻って、昨夜のナイト・バザールに行く。昨日と同じレストランで昨日と同じものを一四バーツで食べる。そこの主人であるウォー氏と話す。ビルマの国境を越えて、ジャングルの中を川渡りや象乗りをしながら五日間トレッキングするという話を聞き、大いに心を動かされる。

運河添いに歩いて帰り、一時に再び出て、昨日のサムローのお兄さんを探すがいない。仕方なく歩き始める。象の門から市内に入り、暑い中を歩く。件の駅からの通りでおじいさんのサムローを止めて交渉。英語が全然通じず、地図を見せて、ワットプラシンへ向かう。するとそこにたむろしていた二、三台のサムローの中に英語ができるお兄さんがいて、おじいさんのサムロー引きはそこまでとして、その後は英語のできるあんちゃんを雇うことにする。おじいさんはちょっとくやしそうな顔をしていた。

チェンマイ市西部の田舎道をサムローに乗って、のんびりと行く。とてもいい感じ。しかし博物館からワットチェンスンへの道は、交通量が多くて埃っぽい。ワックータオにも立ち寄り、ワットチェーディルアングに行く。その後、チェンマイ南部のオールドカルチュアルセンターという所へ行く。ここは実際には思ったよりずっと町中に近かった。

お寺まわりはほとんどこちらに知識がなく、説明書きもほとんどなく、良いガイドブックもなくて、ただ漫然と見て回るに過ぎず、誠に残念であった。

ホテルまで英語のできるサムローで帰る。五時。

何だか疲れが出て、それでもバスに浸かり、洗濯をする。六時半に昨日のアメリカ人親子とプリンスホテルで会い、三人で近くのニューアジアホテルの中華レストランに食べに行く。そこで野菜スープ、アスパラガスと海老の炒め物、ロブスターなどをみんなで一皿ずつ取って食べる。そこの人懐こいウエートレスのタマゴや中国系の優しいお姐さんにチップをはずみ、九時過ぎに帰る。

翌朝は八時半にチェックアウトしてから、ナイトバザールのバス停まで行き、汚いマイクロバスでバスステーションまで行く。一〇時にバンコックに向け出発。

## Aとの再会

窓際の席で後方にはトイレも付いている。小一時間走って止まり、さらに客を乗せる。一時過ぎに、とあるレストランの前で止まり、昼食。ご飯に豚肉とキャベツの炒めた物がでてきた。

スプーンとフォークが既に出ており、その中からなるべく蠅のかかっていなさそうなのを下の方から選び、これも既にテーブルの上に置いてあったナンプラーを少しかけて、おそるおそる食べる。「水」と言っても通じないので、仕方なくコーラを飲む。結局、出る時に支払ったのはコーラ分の五バーツのみで、食事はバス代に込みであった。

夜の八時まで、ブレイクはこのお昼の二〇分だけであった。かわり映えのしない、緑の中にも枯れた趣のある風景の中を、バスは時によるとかなりスピードを上げながら、途中何らかの故障で小一時間止まり、水、氷、スナック菓子などを途中の中継所で補給しながら進む。水牛、牛、焼き畑。時折、田んぼが見え、農地に出ているおばさんたちが見えた。

八時すぎにバンコックに到着。

ラマガーデンズホテル付近で中国人の団体を降ろすとバスの乗客は半分に減った。

一〇バーツで雇ったタクシーの運ちゃんは、タイ語で地図まで用意してあり、中央郵便局の前という、実にわかりやすい目印もあるラマダホテルがわからず(字が読めないらしかった)、ラマホテルの裏側に連れていかれ、そこで人に聞きなおしている。私は夜の街で地理もわからないので、不安になり、ヒステリックな声で高圧的に頑張る。

ようやく九時頃になって、ホテルに入る。Aと再会を喜び、下のレストランにてビールで乾杯。ピーマン、牛肉、キノコなどの炒め物を食す。このツインルームは、プラネタリウムのように天井に穴が開いており、下のディスコはうるさいし、ゴキブリは出るし、シャワーはお湯が出なくて、とコンディションはかなり悪い。

翌朝は九時に出て、中国人の病院に行き、保険会社用の診断書を書いてもらい、ペレ神父の教会に行ってお別れを言う。いったんホテルに戻り、荷物を持って、駅まで歩いて行く。駅で、バタワース行きの切符を買って、荷物を預け、少し腹が痛くなったが（今朝少し下痢）、4番のバスで、トンブリ地区へ行き、57番に乗り換えて、ワット・アルン（暁の寺）へ。トンブリ地区はバンコック側に比べると少しは車も少なく落ち着いてみえた。

急な石段を登り、塔に上がる。そこからバンコックを眺める。このワット・アルンは人の少なく広い敷地、珍しい塔、川っぷちの休み所風な屋根のあるところ等、実に気持ちのいいお寺で、やはりきてよかったと思う。

その休憩所で、英語の実践にここに来ているという若い眼鏡の僧と話す。学生風の若い女性とも。

ボートで向こう側に渡り、角の店でドリンキング・ウォーターを飲み、一番のバスで駅近くまでチャイナ・タウンの喧噪の中を戻り、ワット・トラミットの黄金仏を見る。

三時近くになり、遅い昼食をホテル・スリクランの気持ちの良いレストランでお粥などを食す。四時に駅に戻り、荷物を出して、四時一〇分発の汽車に乗り込む。この午後は、急ぐことも忙しいこともなく、すべてがちょうど良い時間でスムースにいった。

## マレーシア

### 大荷物のおばさんたちとともに

汽車の席は、物売りにマレーシア方面に行くおばさんたちの近くであった。最初、席のことで少し揉めるが、私たちは上の段、おばさんたちは下の段ということがわかり問題解決。さわやかな風の吹く明け放した窓辺で、無事にタイを出られたことの感慨に浸りつつ、日記を付ける。

八時頃、ベッドを作りに係員が来て、待つ間にドイツ人のお兄さんと少し話す。一〇時過ぎまでベッドに寝転んで、ガイドブックを読む。ドイツ人のお兄さんが紅茶を奢ってくれ、向かいのベッドの出稼ぎのおばさんが丸い小さなアンズのようなフルーツをくれた。夜はかなり揺れる。車輪が外れるのではないか、と思うほどの揺れ方で、おかげで地震の夢を見た。

翌朝はおばさんたちが七時頃起き出して、タイ語でべちゃべちゃしゃべり出す。七時過ぎにベッドを直しに来る。

八時に食堂車へ行くと、「朝食を希望するか」と聞いただけで、ハムエッグ、パン、甘いミルクコーヒーが出てくる。本当は私は、隣のおじさんのように、おじやが食べたかったのに。

席にもどると、昨日の西側の席（東側は朝の陽ざしが当たるので暑い）は、おばさんに既に取られていて、しかたがなくしばらくAと一緒に窮屈に座っている。そのうちにドイツ人のお兄さんが朝寝から目を覚ましたので、そちらに移る。このドイツ人はデュッセルドルフの人で、市電に勤めていて、貴重品袋をカモフラージュのつもりか、いくつも首からぶら下げていた。

一〇時過ぎにハジャイ着。二〇分程止まっている間にスコール。向こうの席では中国系のお兄さんとおばさん、後ろではAと出稼ぎのおばさんたち、皆和気あいあいに話している。雲の多い空はあくまでも広く、黄緑色の大地は低く、いかにものんびりとしたタイ南部の農村風景である。

一二時近く国境のマレーシア側に着く。出入国カードの記入時にパスポートを渡してその代わりにもらった紙に書いた数字を、一人ずつ呼ばれて行くと、入国のスタンプをもらう。私たちは、二週間の滞在が許可された。タイの出国許可のスタンプは既に押されていた。比較的に早く順番が来たので、終わって席に戻っていると、今度は税関が来て、私たちには何の質問もなかったが、大荷物のおばさんたちにはけっこう厳しくて、荷物を逐一調べられた。華奢な袋にうまくパッキングしてあった紙とかお茶とか、その他何だかよくわからない物を出させられて、あとで詰めるのが難しく、おばさんたちはブウブウ不満を言っていた。

そんなことで汽車は二時間半も停まり、ようやく出発。雲の多い天気で、椰子の木やバナナの木が見られる。麦畑や稲。小さなカンポン。ゴムの木の林がいよいよ現れる。思ったより枝が細く、華奢な感じである。自転車やバイクにヘルメットの人々、バイクの背に子どもたちや妻を乗せた農夫、幼児を膝に乗せた中国系の若い父親、田舎の細道をてくてく歩いている子どもたちが、汽車に向かって手をふっている。

そんな光景を車窓から目にしながら進む。おばさんたちはバタワースより三〇分くらい手前の駅で降りていった。

## バタワース——アメリカ資本への反発

七時、ようやくバタワース着。駅前のキオスクで、マレーシア・ドルに二〇ドルのみ換える。他の外人たちが列をつくってチケット売り場に並んでいるのを見て、帰りの切符も買っておこうかと思うが、ここのドルもあまり持ってはおらず、何時にするのかも決まらず、で止めて、小雨の中をドイツ人のおじさんと三人で、船でジョージタウンへ向かう。

訪ねていった旅行案内所も遅くて閉まっており、タウンハウスホテルというのをガイドブックで見つけて電話する。ツインで八〇ドル、少し高いかな、と思ったが、オーケーして、トライショウで行こうとするが、運ちゃんが「もっと安いのがある」という。最初は聞き流していたが、タウンハウスホテルの前まで来て、ドアを半分開けかけてから、彼は「ちょっと待て」と言って、もっと安いホテルは隣だと言うので、見るだけと言って行ってみると、多少時代がかってはいるが、広い部屋、通りに面したスレート葺きのフレンチ窓、天井のファン、水のシャワー付きで二七ドルという。そこでこちらに決めてしまう。

いったん部屋で落ち着き、手前の中華料理店に行き、フカヒレのスープ、エビチリ、鳥のから揚げ、ビールなどを食してから、帰ってシャワーを浴び、一一時頃、再びリーに電話する（リーはフランス留学時代からの友人だ）。しばらく待つとやっと出て、今から行くとのこと。一一時半頃リーが来る。彼の車で、リーの勤めている高級ホテルのバーに行く。着くとアメリカ人と東洋系の人が争っている。アメリカ人と中国人の車がぶつかりそうになり、その仲裁に入ったインド×中国のおじさんでケンカになったらしい。

アメリカ人の妻が何だかひどく夫に対して腹を立てていて、私たちが座った奥の方まで来て、五、六人でまた、何だか話している。スッタモンダして、結局その人たちは去って行き、そのホテルで働いているパニクという人がやってきて、さらにしばらくすると、当事者のエンジニアという人が現れて、その話を蒸し返して興奮しながらやっている。

この一連の騒動で、私はこの五つ星ホテルに働く現地の人たちのアメリカ資本に対する反発の強さを見る思いがした。三時近く、リーとまだ建設中の下の海岸に降りて行ったりしてから、そのホテルを出て、自分たちのホテルに帰る。

## バトォ・フェリンギののどかな風景

ホテルの部屋は二階で通りに面し、隙間がある部屋なので、車の音がどうにもうるさくて、翌朝、七時過ぎに起きてしまう。

一〇時にリーが来るまで、Aは朝食に行くが、私は食欲がなくて、部屋に留まる。部屋を静かな方に換えてもらおうかと思い、三階の部屋を見せてもらうが、狭いのでやはり我慢して、二階の部屋にいることにする。

一〇時にリーが来て、出発しようとしていると、ドイツ氏が顔を出して、「今日もここに泊まるのか」と聞くので、「そうだ」と答える。ちょっと一緒に行動したそうな顔であったが、リーもいたし、こちらも何も言わないので、「じゃあ」と言って出ていく。少しかわいそうな気もしたが、こちらにはこちらの予定があるので、仕方がない。

お昼は角の一膳飯屋にいく。私はチャパティ（カレー汁を付けて）と甘いミルクティ、リーはミー（ラーメン・そば）、Aはすでに食べてしまっていたので、パス。それから銀行へ行って一〇〇ドルを換金。ターコンシーの寺院（本当は家）、ビット通りから少し奥まった所にある中国人富豪の建てた家（仏像の祭ってある）、そこには両側の部屋に、祖先の位牌と名前の描いてある肖像画があった。

博物館近くのおそらくここらでは最も古いと思われる中国人の家は廃屋となっていて、今では貧乏人の住むアパートである。そこで上半身裸のおじさんがすっ飛んできて怒る。たどたどしい英語で「ここはプライベートと書いてあるではないか！」。

ビーチで有名なペナン島のバトォ・フェリンギに行く。その道の途中にある涅槃寺とその前のビルマ風の仏寺。競走馬を海で洗っている風景を見る。

バトォ・フェリンギを通りこしていったのどかな漁村。

バトォ・フェリンギの豪華ホテル二つ。リーの友達の中国系マネージャーに、フルーツポンチを奢ってもらい、プールサイドの白人たちを眺める。もう少し庶民的な浜辺では、土産物を売る出店。ウィンド・サーフィンをしている人々。途中リーが砂糖黍のジュース（しつこい甘さでなくて良い）とバナナの揚げたのを買ってくれた。これがなかなかの美味。

次いで極楽寺に行く。リーはなかなかの信者で、お線香を買ってもらい、三人でお祈りを捧げた。極楽寺に行く途中の少し貧しげな中華マーケットの立ち並ぶ一角の外のベンチで、スパゲッティみたいなソバ（魚のスープ）を食べる。

次に植物園をザーッとドライブ。気持ちの良さそうな、よく整備された芝生を見る。

四時近く登山電車の駅まで送ってもらい、リーとは一旦別れるが、なんとリーが去ってしまってから、電車は二時から故障中とわかる。そこでタクシーを拾って、街に帰り、博物館へ歩いて行く。中国人の居間、豪華な寝室、マレー人の船や魚漁《うおとり》の道具、衣装、その他多くの写真、日本占領時代の新聞記事の切り抜きもあった。

ピット通りに行って、慈悲の女神寺院を見る。中には大勢の貧民がたむろしていた。そこを出て、突き当たって、少しおっかない貧しげな通りを行き、埠頭に出る。そこで翌朝の汽車の切符を買い、マーケット通りに出て、まっすぐホテルに帰る。ホテルの脇でやっと見つけた飲料水は、缶に入っていて、オーストリア製で一・五ドルもしていた。

## 友人リーの幸運を祈る

八時にリーが迎えに来て、車で彼の恋人に会う。彼女は昨日いった高級ホテルのパブに勤めていて、私にビールを注いでくれた女性。人懐こい笑顔のなかなかチャーミングな広東出の人であった。四人で海辺のシーフードの店へ行く。屋外のテーブルで最初エビの茹でたのが出てきてレモンをかけたり、チリソースに付けて食べ、それからムール貝のような平べったいベージュがかった貝やホタルイカの大きいようなのに甘いソース煮、カエルの唐辛子と一緒に煮たもの、最後にカニを食べる。ビールを四本飲んで、それだけ食べて、四人で六三ドル。どうしても、ということで、リーが支払う。

食後、車で移動し、あるホテルの屋上レストランに行く。そこには三〇分で一回転する回転パブがあり、そこでコーヒー、アイスクリームなどおもいおもいのデザートを食べる。二〇ドルで、これは私たちが支払う。

E&Oホテルで、コロニー調の玄関を入り、ロビーの円形天井を見て、トイレの豪華でクラシックな造りに感心して、その奥の屋内レストランのある海沿いの道を散歩する。オーストラリア人の団体が一〇人程、大テーブルを囲んで、遅い食事をしていた。オーストラリア人の観光客は、日本人と共にここでは多いが、リーはあまり良いことを言ってはいなかった。

翌三月三日は七時にホテルを出て、トライショウ（自転車の横にサイドカーのようなものを付けた乗り物）でまだ暗い街を、フェリー乗り場に行って七時一五分のフェリーに乗る。ペナンの街を振り返ると、街唯一の建設中の高層ビルが見える。リーと七年ぶりに会って、また慌ただしく別れてきた。緑色の波間に目をやると、フランス時代からのリーの優しさが思いだされ、チャーミングな彼の恋人を思い、前途の幸運を祈る気持ちになった。

八時半の急行に乗る。アンパンと、ココナッツの実を辛く煮込んだパン、マンゴージュースを駅で買い、それで車中での朝食とする。この急行の車両は、汚いロマンスシートで、タイからの夜行に比べると、そっけない感じがした。

イポー駅は大きくて、なかなか雰囲気のある駅であった。錫の産地とかで、白く見えているのが、鉱脈であろうか、採掘場のような建物も時々見える。

車中は、食堂車がすぐ前にあることもあり、時折強烈なニンニクの臭いがただよう。私たちの所だけ扇風機が故障していて、風が吹き続け、一番端っこの席なので、前のシートがこちらに向かっている。なぜか進行方向に向かって、左側のロマンスシートは進行方向に、右側のそれは全部逆の方向に、となっていた。

インド人のおばあさん、中国系のおばさん、男の子が二人（六、七歳の男の子はインドの血が濃くて、二歳になるかならないかぐらいの弟は中国系であった）がやってきた。兄の方はちぢれ髪、目がパッチリとしていて、目元もインド人特有の黒ずんだアクの強い輪郭ではなくて、母親をみると、明らかに別の系統の血が感じられた。弟は、髪の毛がまっすぐで薄く、顎の輪郭がふっくらとしていて、大人になったらどんな中国人の顔になるかが髣髴《ほうふつ》とされた。弟の方はわがままで、すぐにぐずって要求を通していた。兄の方は屈折した心理の持ち主のようで、母親にいつも弟を先に立てられ、口を尖らせ気味にして、黙って車窓の外を見ているような様子が、見ているうちにいじらしくなった。二人はスーパーにあるような買い物籠から、赤い箸とプラスティックの弁当箱を取り出していた。中身を覗くと、ご飯、タマゴ焼き、何かの肉であった。

## クアラルンプール――緑の空間

ここまで南に下ってくると、落葉樹林帯は終わったようで、辺りは繁茂する緑の海である。時々ゴム林が見えるが、昨日までの開けた田んぼの風景はなく、山が時折近くに現れたり、遠くに見えたりする緑の荒れ地である。

居眠りしたり、窓からの風景を漫然と眺めるうちに、三時近くに、古めかしいコロニー調のクアラルンプールに着く。

土曜日の午後で、駅のインフォメーションは閉まっていて、ちと迷ったが、ガイドブックにはＹＭＣＡの電話番号もなくて、リーに勧められたシラグホテルという、北部インド人の多いホテルに電話。よくしゃべるタクシーの運ちゃんに五ドル支払って乗る。母親とか言って、三人のインド人を相乗りさせた。

一服して、夜はゲイで有名な大衆的なショッピング街であるバトゥロードを歩く。タクシーの窓から眺めて、緑や空き地が多いのに気づく。ここの人たちはゆっくりと悠長に歩き、五時近くというのに車の数もそう多くはない。

この街はバンコックとは随分違っているな、と思う。バンコックはタイ文化の色がかなり強かったが（しかもそのタイ文化自体は折衷型の文明で、インドや中国のような強烈さはなかった）、ここでは、インドはインド色をさらに強く主張しており、中国は中国でしたたかに自己を主張している風である。以前はモダンな通りであったというバトゥロードは、今では一時代前の色褪せた建物が並んでいる。大衆的というか、何というか、しかしある種の雰囲気で満ちている。ショッピングセンターに入り、三階の大衆中華料理店で愛想の悪い女の子からミーという麺を食べる。あまりおいしくはなかったが、二人で五ドルと安い。それとフライドチキンを少々買う。南に来たせいか、夜は遅く始まり、七時半頃まで明るい。

翌朝は、八時起床。昨夜はゴキブリが出たり、シーツも何となく不潔だったりしたので、今日は別のホテルを探そうと、荷物をまとめ、チェックアウトして出る。

バトゥロードを歩いて南へ。随分空き地というか緑の空間の多い街である。キャンベル通りを超えると、左手に広い空き地、向こう側にはスコットランド風の建物、そこからのハイウェイみたいな道を駅前まで歩く。そこからマジェスティックホテルの前を通って、国立博物館へ。日本人の一団が中国系のガイドを連れてきていたので、最初、その人たちにくっついて行く。

二階から展示室になっていて、西側はマレー文化、各種の踊りの人形や、婚礼衣装、各種の楽器、王の帽子、等々。東側はマレーシアの歴史、先史から始まって、日本の占領時代、一〇〇年前のクアラルンプールの写真、銀細工、織物、等が並んでいた。三階はババ&ニョニャ文化（流浪の果てに異国に移り住み、そこの文化に同化していった人々）、その即売、隣は結婚式の部屋とか、中国人家族の写真、乗り物、家具など。三階の隅には、マレーシアの自然誌、動物、昆虫の標本。

ブルダナ湖のある広大な公園に入り、歩く。日曜のこととて、家族連れ、男女など三三五五、のんびりと歩いている。

## サンディマーケット

バーリメン通りまで出て、タクシーを拾い、プールーラヤのバスターミナルへ。公園の中にいたおまわりさんにあらかじめ聞いておいたので、スムースにことは進む。ここからが問題で、ものすごく人が多くて、「イポー、イポー」とか叫んでいる（たぶん安い切符で人集めをしているのだ）。その怒号の中をそれでもマラバスという会社の明日の切符を一一ドルで買う。

そこからチャイナ・タウンの一角を歩いて、デビッドソン通りへ（今日は一日かなり不正確な地図をたよりに勘で歩きまわった）。その通りにあるＹＷＣＡを訪ねて行くと、足の悪いおばさんが責任者のニクラウス夫人を呼んでくれる。部屋を見せてもらって、鍵をもらう。

うまく探し当てられたし、部屋も良かったし、人も親切なのでうれしくなり、高低のある道をさらに歩いて、ブキット・ビンタンへ。Ｂ＆Ｂプラザの中にあるサティレストランでビールとチキン・ムトンのサティを食べる。甘く焼いてある上に、甘いピーナツソースがかかっていた。

　そこから歩いて、ヒルトンホテルの角を左に折れ、スーパーマーケットへ行き、一人用の箱詰めジュースをいくつか買う。水はエヴィアンなどもあったが、三ドル七〇セントもするので、ばからしくなり買わない。そこのパン屋でパンとソーセージなども買い、少し歩きだすと突然の雨。スコールでだんだんひどくなり、英国航空の建物の前で雨宿り。

　二〇分ほどで雨は止み、タクシーを拾ってサンディマーケットに行こうとするが、どうにも通じず、ラジャ・アロン通り付近のデイリーマーケットに連れていかれる。仕方なくあきらめて、近くまで来ていたシライホテルに行き、別のタクシーでＹＭＣＡへ。この運ちゃんが一番正直で、一・三〇ドルしか取らず、サンディマーケットはマレー語で「ミーティ・パサー」と言えばよいと教えてくれた。

　四時にいったんＹＷＣＡの部屋で小休止。歩き回ったので、かなり疲れる。ウトウトし、五時頃、サンディマーケットに再度挑戦。今度は英語のわかるインド系の運ちゃんを捕まえて。ところがようやく着いたマーケットは閑散としている。運ちゃんによると、土曜日の夜が賑やからしい。屋台の跡とか少しばかりの飲食店、屋台の果物売りのみ。がっかりして、しかし来なかったらこれもわからなかった、と思う。

　大通りに出て、当てずっぽうに来たバスに乗ると、車掌のお兄さんが親切で英語もわかり、チャイナ・タウンの入り口で降ろしてくれる。そこはペタリン通りとぶつかる角で、オールド・クアラルンプールというか、ダウンタウンのゴミゴミした感じの所で、ここを見られて良かったと思う。スーパーでまた缶ジュースを買ってＹＷＣＡに帰る。Ａは疲れて、暑い部屋でぐったり。シャワーを浴びるうちにまたスコールが来て、かなり涼しい夕べとなる。

## クアンタンの海景

夜は隣の部屋のテレビを見る。ここは開け放したバルコニーで、二階ですぐ通りに面していてなかなか気持ちが良い。着いた時に手伝ってくれたおばあさんと中国系の若い女性がいた。おばあさんはペナン生まれで福建語、広東語、英語、マレー語を話し、しかし中国文字は書けないそうだ。日本には何年前かに行ったことがあり、とても美しい国だと言っていた。どこでも「人は昔ほどは良くはなくなっている」と言っていた。

翌朝は七時半に起きて、食堂へ行く。昨日のおばあさん（リンさん）と、後からきた目のパッチリとしたインド×中国系の若い女の子にサーブされる。

中華航空へリコンファームなどしてから、バス停に。

一〇時半のクアンタン行きに乗る。

冷房車の予定がそうでなくなり、二ドル返されたのはいいが、すごいオンボロ車で、ちょっと坂になるとゼイゼイという感じで、後ろからは黒いガスを吐き、ガラス戸はよく閉まらない。マレーシア半島内部の山奥を東へ五時間かけて、ようやくクアンタン着。干し魚など吊るしてあるところがいかにも漁村らしい。

ツーリストインフォメーションを探して、しばらく歩きまわるが見つからず、ここまで来ると英語はあまりよくは通じなくて、しかたなくタクシー乗り場に行き、四ドルのタクシーに乗って、予約なしで行ってみる。いくつか海の民宿風のホテルはあったが、ビーチリゾートホテルを、と考えてきたので、少しはマシなマーリンホテルに部屋を取る。ねずみの糞のカビ臭い部屋で、一泊一〇五ドル＋サービス&タックス料。

いったん休んでから、荒れた海へ。波高し。ビーチにしばらくいて、ホテルの食堂のオープンエアでワンタンスープにビール。夜はヤモリの鳴く庭で、ラジオを聴きながら、本を読む。

翌朝は九時に起床。一〇時にバスに乗って、クアンタンの街へ。海辺のバザール、海辺の道を散歩。銀行に寄って換金。戻って隣のスーパーで食料の買い出し。一時に戻って、部屋でマンゴージュース、チーズ、パンの昼食（昨日からお腹が変にゴロゴロする）。三時半から六時頃まで海へ。話しかけてきたマーリンホテルのコックだというお兄さんによると、今年は特別だそうだ。いつもはこの頃の海はもっと静かである、という。

貝を拾ったり、岩の方に行って、遥かに広がる南シナ海の海岸線を眺める。一昨年、甥や姪と行った鯨波《くじらなみ》（新潟県）の日本海を思い出す。海では波が激しく寄せて泳げず、ホテルのプールで泳ぐ。水着の上にティーシャツを着て、ワイルド・フォレスト（とクアンタンの地図に書いてあった）の方へ上る石段を行くと見晴らし台に出る。その帰り、木の間の薄暗い道より突然開けた海景。

部屋に戻って、風呂、洗濯。ゆっくりと暮れていく南国の夕暮れを窓辺に感じつつ、荷物の整理をする。

八時半になって、ホテルの食堂で食事。またヌードルスープ、エビフライ、スイカジュース、紅茶。感じの良い、働き者らしい小柄なインド人のボーイ。

夜は星天の海辺の散歩。

## 日本にはまだサムライがいる

翌朝は七時半に起きて、部屋でパン、チーズ、豆乳の朝食。ホテル代を清算して、バス停で待っていると、そこに現れた乗用車の人がクラクションを鳴らして、こちらに手を振っている。クアラルンプールに帰るところだという人で、そこまで乗せてくれると言う。これ幸いとクアラルンプールまでヒッチハイクと相成る。

その青年はシュクリと言う名で、クアラルンプールの陸軍にいて、クアンタンのベースに用があってきたという。道々いろいろと話しながら行く。彼はなかなかうまい、わかりやすい英語を話した。最初の小休止で、カレー汁に付けたチャパティとコーラ、トンネルを抜けたところの果物屋が並んだ場所で、スターフルーツ、ジャンボとかいうフルーツ、バナナ、コーラを買ってもらってしまう。

悪いなーと思いつつも。その後、ゴム林にも留めてもらって写真を撮る。暑い国の人たちは怠け者であるという。ゴムと錫に頼って暮らしている。あぶら椰子を植える人たちが多くなっているという話をしていた。

戦争で父親が日本に連れていかれた。そのときの縁で、天理大学の学生二人を預かったことがあるという。戦争で日本に占領された方がむしろイギリスより良かったんじゃないか、とか言い出すので、私は慌てて否定し、明治からこっちのことを掻い摘んで説明した。が、日本の軍隊や武士道を高く評価する彼の姿勢は変わらなかった。日本にはまだサムライがいると思っているらしかった。ジャングルで見つかった兵士のことを褒めていた。

ちょっと寄り道をして、バツーケイブに寄ってくれる。

二七二段の階段を上り、大鍾乳洞に行く。

デビッドソン通りのＹＷＣＡまで送ってもらい別れる。こうして思いもかけずスムースにいき、三時前にＹＷＣＡに入れてしまう。ニクラウス夫人やリンさんに再び会って再開を喜びあう。部屋はこの前より少し狭い、道路と反対側。三時から五時まで部屋で休み、例の通りに面したベランダで本を読む。五時に出かけて、バスターミナルで明日のマラッカ行きを予約してから、ブキット・ビンタンまで歩いて、B&Bコンプレックスの中の中華料理店でまずいお粥を食べる。クアラルンプールはここ二日雨が降っておらず、蒸し暑い。本屋で冷を取って立ち読み。マレーシアの果物の本を買う。夕暮れの中を帰る。

## マラッカのはしけにて

翌朝は八時に朝食。ニクラウス夫人やリンさんにお礼を言って別れる。九時発のマラッカ行きのバスに乗り込む。道はやや高原状の起伏のある道。冷房付きのバスで快適。運ちゃんとアシスタントが、中国語で何やらしきりにおしゃべりしていて、うるさいのが玉に傷。マレーシア特有の家が見られ、ゴム林、油椰子の林が見られる。

一二時過ぎにマラッカに着き、待ち構えていたトライショウのおじさんに三ドルで、マジェスティックホテルに連れていってもらう。マジェスティックとは名ばかりの中国系のエコノミーホテルである。ただしフロントも礼儀正しいし、シーツもきれいだし、バス付、冷房なしの部屋で、二七ドル。荷物を置いて、面白いがしつこいトライショウのおじさんを何とか断って、歩きだす。

ブンガラヤ通りを歩いてツーリストインフォメーションに行き、受け付けの女性に鍵をもらい、隣の博物館へ。ポルトガルや中国人の時代ものの衣装、写真、武器、など。隣には文芸博物館。

丘を回って、海辺の公園に行く。とても暑い。そこにあった屋台でマンゴージュースを飲んで小休止。海は潮が引いて、泥が現われている。そこに並んだ店を物色し、ラタンなどの土産物を買う。

そこから、サンディアゴ砦跡を見て、後方の丘に上る。サンポール教会跡、ザビエル像、フランス人の団体がいた。一八八六年に孫と娘たち七人をいっぺんに亡くしたイギリス人の建てたお墓。

そこを下りて、丘を別の方向に赤い建物の広場に戻り、角のアングリカン教会に行く。そこから橋を渡り、その通りに並んだ骨董屋を冷かして、チェンホーンテン・テンプルへ。いよいよ疲れて、しかし歩いてホテルに戻る。三時から六時まで昼休み。六時過ぎに再び出て、ブキットチナへ上る。思い思いに体操をしにきている若者たち。夕陽の始まりつつあるマラッカの海、三六〇度の展望、後方の山々、中国式のお墓の小厩。

そこから下り坂、細い道を行って、丘をグルッと下りながら回るまきみちを大回りして、やっと道路にでる。トライショウを捕まえて、三ドルでポルトガル入植地へ。

そこはどうということはなくて、最初にここに住み着いたヨーロッパ人であるポルトガル人の子孫たちが住んでいる貧村である。とはいっても、人々の顔つきを見ると、マレー系の特徴が目立つのは混血の進んだ結果であろうか。

削ってない細い木造作り、ムシロ状の籐の天井、粗末な、と言うか、ローカル色豊かというか、それでもやはり籐の照明器具のきれいなポルトガル・レストランにトライショウのおじさんに連れていかれる。

ちょっと崩れた（崩れつつある）感じの髪の長い女の子とマレー系のあんちゃんの薦めで、バナナの葉で包んだチリソースをかけて蒸す魚とイカのフライ、野菜煮とビール、椰子ジュースを注文する。

料理を待つ間に一人で外に出てみる。次第に迫りくるたそがれの中で少年たちが空き地でサッカーをしていた。海岸に出ると、一直線に海に向かって伸びた、板の簡単なはしけがあった。

引き潮で泥が見えていた。二〇〇メートルもあろうか、そのはしけを海に向かって、まっすぐに進む。夕涼みから帰るおばさんとその娘とすれ違い、さらに突端近くで、網を担いで上がってきた漁師の若者二人とすれ違うと、はしけには私一人となった。さわやかな海風に吹かれ、ひたひたと次第に潮の満ちてくる海のまっただ中に立つという感じはうれしいものであった。左手の灯台がときおり光り、空は残照。名残りの赤みは次第にさめてきて、私はこの風景を去る。

## シンガポールから帰路へ

レストランに戻ると、もうお皿はきていて、Aは既に食べ始めていた。魚は鱗がよく取れてなくて舌に触る。イカはまあまあ。椰子ジュースは水が混ぜてあるのか、きわめて不味い。そうおいしいというものではないねと、Aと言いあい、まあこういうものか、と言う話の種にはなった。

あんちゃんに教えられて、暗い道をバス停に行き、そこにたむろしていた青少年とちょっとおしゃべりしてから、バスに乗って九時頃帰る。

夜は蚊が多くて、悩ませられる。これで三日続きの寝不足。

翌三月九日は六時半に起き、まだ暗いうちにチェックアウトして、七時に出て、歩いてバスターミナルへ。七時半にタンピン行きのバスに乗り(このバスは通勤の人たちが乗っているローカルバスであった)、ひょうきんで話好きなインド人の車掌。八時一五分頃タンピンに着き、少し離れた駅まで歩く。

八時半頃、改札が開いて無事にシンガポール行きの切符を手にする。昨日、ホテルのおねえさんにきいたら、けっこう混んでいるとのことで、ガイドブックにも予約しておいたほうが良いと書かれてあったので、少し心配していた。もし汽車が駄目ならバスでいくつもりであった。橋を渡ったホームで待って九時二〇分の急行に乗る。何も言わなかったのに、二等のエアコン付きの車両で寒い。やや高原状の所とか、今では単調な風景に見える油椰子の木々。少し遅れて二時半にシンガポール着。

イミグレーションカードを書いてなくて、列の後方になってしまい、手間取る。簡単な通関審査。

出て直ぐYMCAに電話して部屋を確保。キオスクみたいな店で四〇ドルを換え、タクシーの列があんまり長いので、近くのバスターミナルまで歩き、104のバスで、オーチャードロードとスコット通りの交差点で124のバスに乗り換えてYMCAへ。以前より愛想の良くない女の子たちのフロントで鍵を借り、部屋に入るとすでに四時半、汽車が着いてから二時間もかかってしまった。

疲れて足がだるく(汽車の冷房のせいか?)、Aに一人で買い物にいってもらい、私は部屋でシャワーを浴び、ゆっくりする。七時半に帰ってきたAと一緒に下の食堂でマッシュルームと変なチキンカレーの食事。

翌朝は七時半に呼んでおいたタクシーに乗って、空港へ。Aとは席が離れ、タイ人のヨンさんという、日本のガソリン会社に研修に行く予定の人と話す。
八時半、無事に羽田空港に帰着。
私たちが出会ったタイ、マレーシアの人たちは、皆、心優しい人々であった。

# ハイチの旅

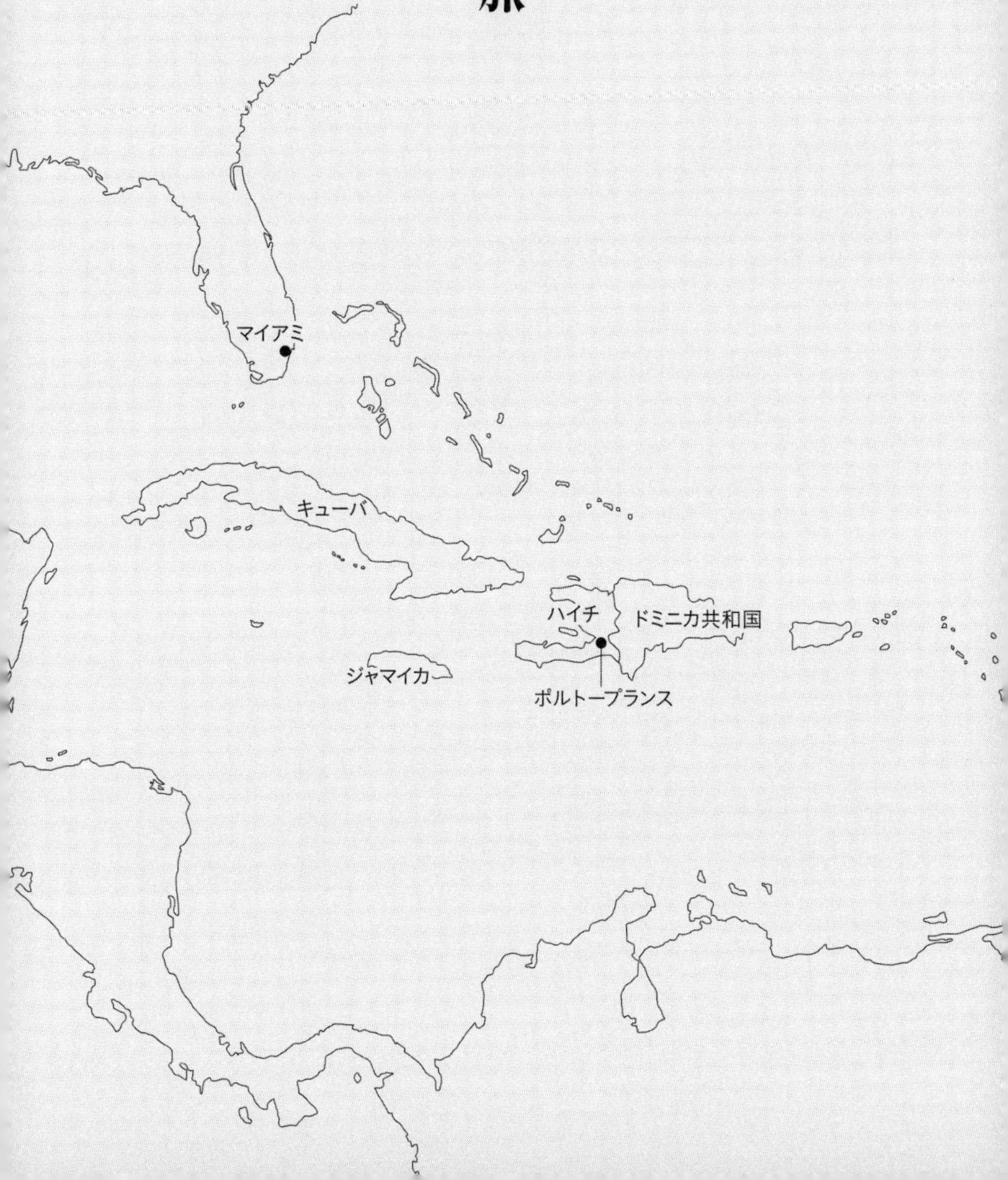

## ツアー・コンダクターの私

一九九七年三月、私は中米の島国ハイチへと一週間、旅をした。

なぜハイチかというと、元々はあるボランティア団体で一年ほど前から日本語教師を始めていた私である。その団体内の別のグループで、ハイチに文房具を贈るという事業をやっていて、そのグループが東京都から助成金を得ることになり、この際思いきって、その贈答品が正しく子どもたちに送られているのかを確かめに行こうということになった。

私はたまたまフランス語ができたので、佐藤会長から依頼されてのことであった。ハイチは中南米で唯一のフランス語が公用語の国である。

手を挙げたのは七人で、内訳は、このNPOを主宰している佐藤さんご夫妻、その友人で七〇代くらいの松本さん、ハイチに文房具を贈る準備に携わった桑田さん、ボランティア団体の方で日本語を教えている中崎さんと田丸さん、そして私である。

端無くも最初からツアー・コンダクターをやらされてしまい、覚悟を決める。こんな頼りない連中と行くのである以上は一肌脱がなくてはならない。お荷物になりそうな松本氏、わかりきったことをすぐ言葉で再確認したがる桑田さん、思ったより頼りにならない中崎さん、非常識なところと抜けたところのないまぜ感性の佐藤夫人、その夫で割と慌てふためく傾向のある佐藤氏、まあ、まともで頼りになりそうな人は、田丸さんくらいか？

シアトルでアメリカ入国をして、マイアミで一泊した後、ハイチ共和国の首都ポルトープランスに着く。長旅であった。

ハイチ共和国は世界で初の黒人による共和国、かつラテンアメリカ最初の独立国である。サン＝ドマングと呼ばれていたハイチに、トゥーサン・ルヴェルチュール、デサリーヌ等がフランス革命に影響されて反乱を起こし、ハイチ北部を独立させた後、混乱の中で彼らが殺されると、アンリ・クリストフが事態を掌握して、大統領になり、その後国王になった（ただしその前に、デサリーヌがジャック一世として一時王位にあった）。

アンリ・クリストフは一七九一年のハイチ革命で活躍した人物である。一八一一年アンリは北ハイチをハイチ王国とし、自らを王と宣言し、その後五三歳の時にアンリはクーデタを恐れるあまり、銃により銀の弾丸で自殺する。彼の遺体はシタデル・ラフェリエールに葬られた。

たまたま知り合ったハイチ大使から、世界でも数えるくらいの赤貧国であるハイチという国の実情を知り、会長の佐藤大人が一肌脱ごうと決心して、全国にある支部からいらなくなった文房具を集めたのである。その仕分けにだいぶ時間をかけ（使いかけの物を送ってくるケースも多く、それらを点検して、あまりにもひどい物は捨て、改めて小さなかわいい袋に詰めるという作業である)、ようやく二回ほど出荷したところだった。

ハイチ大使によると、安全な団体に送られているとのことだったが、現地から何の音沙汰もなく、もし途中でねこばばされていてもわからない、という状態であった。そこに都からの資金援助の申し出があったということである。渡りに船とばかりに申し出を受けて、人員を募り、勇躍出発したというわけであった。

## 迎えのメンバーにびっくり

さて、ハイチの空港に着いてみると、ボロを着た男たちが大勢、ひまそうにたむろしている。こんな中に飛び込んで行くのかと、戦々恐々としていると、呼ばれた。みると、品の良い中年の女性たちが五人、にこやかに私たちを手招きしているではないか。この人たちは現地のNGOの人たちで、迎えにきてくれていたのだ。

通関を待つうちに別室に移って自己紹介があり、経歴を聞いて、我ら七人はびっくりした。何と、元副首相、元外務大臣、元環境衛生省副大臣など錚錚《そうそう》たるメンバーである。中でも元副首相はその堂々たる物腰で私たちを圧倒した。そんな中で、一人、小柄な白衣の日本人がちょこんと慎ましく座っていた。危うく見逃すところであったが、この人は二七年間ポルトープランスに住んでいるというカトリックの修道女で近郷さんという名前であった。この人にはあとでずいぶんと世話になる。

こちらも一人一人紹介をするうちにパスポートが返され、マイクロバスに乗って、まずはホテルへと向かう。着いたのはホテル・キマムという中級ホテルであった。もっとも中級ホテルと見えたのは、こちら側の勝手な見方であって実は高級ホテルであったのかもしれない。私は幸い、一人部屋であった。暑い国らしく、木組みのフレンチ窓が開け放たれ、外からは涼しい風が吹いてくる、調度もこざっぱりしていて華美な装飾はないが、気持ちの良い部屋であった。

三〇分ほど休んでシャワーを浴びた後、さっそくミーティング。滞在中の予定などを話し合った。

その後、一時間ほどかけてホテル内で昼食。三時から再びマイクロバスで、街に出る。案内は空港で最初に私たちを見つけた赤いスカートのフランソワーズという若い女性。彼女は件《くだん》のNGOで事務をやっているという。

まずは、ラム酒作りのシャトーに案内される。そこで醸造の過程を見せられ、ちょっとしたショップで様々なフレイバーのラム酒を紹介された。私はいろいろ試してみて、ココナッツのラム酒を買う。これは当りであった。そこから展望台に上り、ポルトープランスの街を眺める。さすがに首都だけあって、ここから見るポルトープランスは広大であった。しかし日の当たる部分と日の射さない部分とでは何か差があるようで、日の射さない部分は黒く霞んでいた。

展望台から降りる坂道には道の端にたくさんの絵が立てかけられており、それらは観光客を当て込んでのようだった。こんな国にもたまさかの観光客が来るのであろう。ちっとも売れていないようなそれらの絵を私たちは、それが何らかの助けになるとでもいうように次々と見ていった。「誰か何の絵でもいいから買わないかなぁ」と思っていると、田丸さんが小ぶりな椰子の木をえがいた風景画を買った。それを合図にしたように私たちは現場を離れた。

その後、ギャルリー・ナダール（Garerey Nader）という油絵を売っている店に案内されたが、誰も何も買わずに出てきてしまった。

夕方、近郷さんが訪問してくれる。私の部屋に田丸さん、中崎さん、桑田さんが集まり、その話を聞く。

近郷さんがいうことには、「こちらの人たちはとても貧しいの。でも貧しい中でも食料を分けているのよ、たとえばパンが三つ手に入れば、その内の二つは隣の人にあげちゃうの。でもね、お札なんかはもの凄く汚くて、何のばい菌を持っているか判らないから、お札をいじった後ではいつも手を洗うのよ」。

彼女の言うことには説得力があった。そうか、日本人が失ってしまった美徳がここでは生きている、でも用心しなければならないこともあるのだ。

## シタデルの城址

翌日の六時過ぎにヴァーレイ女史（＝元副大統領）が二台のランドローバーを率いてホテルにやってきて、北部地方へと出発。

穴ぼこだらけの国道一号線を走る。郊外の集落には、ブロックづくりのガラスのない窓の家ばかりが並んでいる。平原をひたすら走って行くと、国道沿いにマーケットがあり、大勢の人が集まっていた。そのうちに海が見えたが、その海は泡だらけで濁っていた。

山地に入る前、ゴナイーヴという町で休憩を取る。そこの休憩所で堅くなったフランスパンをかじりコーラを飲んだ。

山地に入ると、南側は木が一本もなく、剝げている。北側は、ちょっとはマシで幾分木が残っていた。クリストフ王が植林させたのだそうだが、燃料にするために人々が伐ってしまうのだと、ヴァーレイ女史は何らの感情も見せずに、淡々と語った。山には時々畑が見えた。

午後になってようやく、クリストフ王が建てたシタデル・ラファイエールという城塞の下に着く。そこからは山道をロバの背に揺られながら進む。ロバの乗り場には、大勢の子どもたちが群がっており、大勢の大人たちも、争って子どもたちを蹴散らかそうとしている。その中から一組を選ぶのは大変であった。私が選んだのはミシェルという少年と、パスカルという仰々しい名前のロバであった。

荒れた山道を三〇分ほど行くと山頂に着いた。シタデルは長年手入れがされていない様子で、黒ずんでいた。砲台がいくつか、谷に向かって並べられており、それらはさびついていた。使われなかった砲丸が山積みになっている一角があった。

フランスのベルサイユ宮殿を模したと言われるサン・スーシ宮（無憂宮）は、ファサッドだけが残っていた。フランス軍の反撃を恐れるあまり、半狂乱になって銀のピストルで自殺を遂げたアンリ・クリストフ王の遺体が、その妻によって投げ込まれたという消石灰の小さなプールは、今や黄色い水を湛えていた。

「この場所を観光資源として、もっと大々的に活用できるのだがなぁ」と佐藤氏が言い、「夏草やつわものどもが夢の跡」と松本氏がのんびりとした口調で言った。

## 増水した河を渡る

六時過ぎになって、ホテルに着く。宿舎風の建物で、何と私は元副大統領と同室になるという光栄に浴した。この日の夕食はビーフ・ストロガノフとポム・フリッツ、そこにライスというものでたいへん美味しかった。食後に小一時間町をドライヴする。がらんとした広場、城塞。街は暗かった。その中でもポーリーヌ・ボナパルトが住んだ館があり、蔦が生い茂った壮大なその家は、夕暮れの中でうずくまっているようにみえた。庭には女あるじの胸像があった。（ポーリーヌ・ボナパルトは、ナポレオン・ボナパルトの二番目の妹。最初の夫であるルクレール将軍に従ってサン＝ドマング島に来るが、夫が伝染病で死ぬと、フランスに帰った。）

夜は窓の外で、洗い物をする女たちの声が聞こえた。こういうシチュエイションが私は好きだ。あちら側には日々の日常があり、窓をへだてたこちら側には私がいて、いわば非日常がある。こちら側の私はあちら側からは見えず、安全で守られている。しばらくの間、ヴァーレイ女史のいびきを聞きながら、そんなことを考えているうちに眠りに落ちた。

翌日は五時半に起きて、簡単な朝食をテラスでとり六時半に出発。しかし一〇分ほど行くと、道路が閉鎖されていた。仕方なく歩いて進む。大通りを三〇分ほど歩いて行くと養老院があった。そこで働いているインド人の若い医師が応対してくれる。そこには身寄りのないお年寄りが四〇人ほど暮らしていた。

次に私たちが向かったのは、聾啞学校で、八〇人ほどの老若男女が主に手仕事、男性は木工機械の取り扱いを学び、女性は繕い物などを学んでいた。最後に『無原罪聖母教会』のシスターたちの教育センターを訪問して、二人の若いシスター見習いに話を聞いた。二人とも慎ましく下を向いて、「ここに居られて私たちは幸せです」と蚊の鳴くような小さな声で言った。また歩いてホテルに戻り、お昼はサンドウィッチとパスタを食べて、そこに居合わせたお掃除のおばさんやらシスターたちと歌の交換を楽しむ。

一時過ぎにポルトープランスに向け出発。山の中を行くと最初のブロック・アウト。そこを何とか切り抜けて進むと、程なくして車の列の先に河がみえた。夜来の雨で増水したらしい。一台、一台、水の中に入って、ゆっくりと進むので時間がかかる。ようやく私たちの番が来たが、ランドローバーが重すぎて、沈んでしまう。「外に出ましょう」と私は言ったのだが、ヴァーレイ女史は反対した。どこで狙われるかわからないと言うのだ。さすがは元副大統領だ、と私は思った。

アクセルをふかして、ゆっくりと進み、ようやく河を渡る。そんなこんなで時間がかかり、無事にポルトープランスのホテルにたどりついたのは、夜の八時半を回っていた。九時からの遅い夕食を食べていると、在ハイチの日本大使がやってきた。佐藤夫人が日本のＮＰＯについて熱弁を揮う。

話が長くて、私はつい居眠りをしてしまう。この日の就寝は二時であった。

## 子どもたちに文房具を配る

翌朝は五時起きで、シャワー、シャンプー。七時に降りて朝食。七時半にヴァーレイ夫妻が迎えにくる。ヴァーレイ氏は恰幅の良い人で、夫人に負けず劣らず堂々としていた。夫と別れて、本日はまず元大統領のアリスティド氏が経営する孤児院へ。笑顔で迎えられる。ここは男女が別れた部屋におり、まず男子の部屋に行く。年齢は様々で、五歳から一五歳まで年の離れた子どもたちである。そこで日本に関する様々な質問があった。日本はどこにあるのか、気候はどのようなものか、首都はどこか、住んでいる人間は自分たちと同じようか、等々。

質問は現地のクレオール語で行われ、それをフランス語に置き換えるのはハイチ人教師で、私はそれらの質問に一つ一つ答えていった。黒板に簡単な世界地図を描き、ハイチはここ、日本はここ、と示すと驚きの声が上がった。そんなに遠いのか、飛行機に乗ってきたの？　飛行機は楽しかった？　と、どんどんテーマがずれていく。

そのうちに女子たちのクラスもやってきて、教室は満杯となった。立っている子どもたちもいる。私語を交わす子たちも出てきて、田丸さん、中崎さんなどがそれに答えている。いい感じになって来たな、と思っていると、時間切れ。最後に用意してきた文房具入りのポシェットを配り、別れを惜しみつつ去る。

次にヴァーレイ夫妻の家を訪れる。気持ちの良い開放的な書斎があった。ここでこの二日間お世話になったドライバーたちに、ちょっとしたおみやげと金一封を渡し、地元のＮＧＯに五〇〇ドルを渡す。

その次に博物館へ行き、現地産のタペストリー、手織りのショール、革製品などを見る。日本向けに輸出できる物がないか、と探す。これは、と思う物もなくて、不発。

## 元大統領は何を思ったか

次にはシスター・カタリナ（近郷さん）のやっている小学校を訪れ、小学生たちの合唱を聴く。その後、軽食を取り、元大統領のアリスティド氏の邸宅を訪れる。元大統領は、痩せ型で背が高く、ちょび髭をはやしていた。現夫人との間に生まれたばかりの女の子がいた。白いスーツ姿で私たちを鷹揚に迎え入れてくれた。

そこで、佐藤夫人はさぞや雄弁に語り始めると思いきや、赤ん坊をあやすばかりで、ちっとも大統領と話を始めない。昨日は日本大使を相手にあんなにも熱弁を奮っていたのに。私は痺《しび》れを切らせて、水を向けてみた。

「私たちの活動について、マダム・佐藤からお話があるでしょう」

そう言われて、佐藤夫人はポツポツと話し始めたが、一般的な話ばかりで、ちっとも面白くない。分厚いロイド眼鏡の奥で元大統領が何を思ったかは定かでない。日本人だと言うからには、何か政治的な手土産でもと期待していたかも知れないが、とんでもない話であった、とでも思ったかも知れない。

が、間もなく「どうぞゆっくりしていってください」とありきたりの社交辞令を言って席を外し、残った夫人とは何の話もなくて、またしばらく手持ち無沙汰に赤ん坊をあやしてから、その場を辞した。後でヴァーレイ女史の語ったところによると、彼は来年行われる大統領選挙に出馬を予定しているらしい。それで外国人グループには何であれ、良い顔を見せているのか、と私は思った。

結局、私たちの訪問は証拠写真を撮り、赤ん坊をあやしただけであった。

翌朝の飛行機で私たちはハイチを去った。シスター・カタリナ（近郷さん）とフランソワーズが見送りに来てくれた。今度はニューヨーク経由で、成田空港に着いたのは翌々日の暮れ方であった。私としては、珍しい土地に行ったというだけのことである。この体験のレポートを求められるということもなくて、どこまでも中途半端な旅であった。

# アメリカの旅

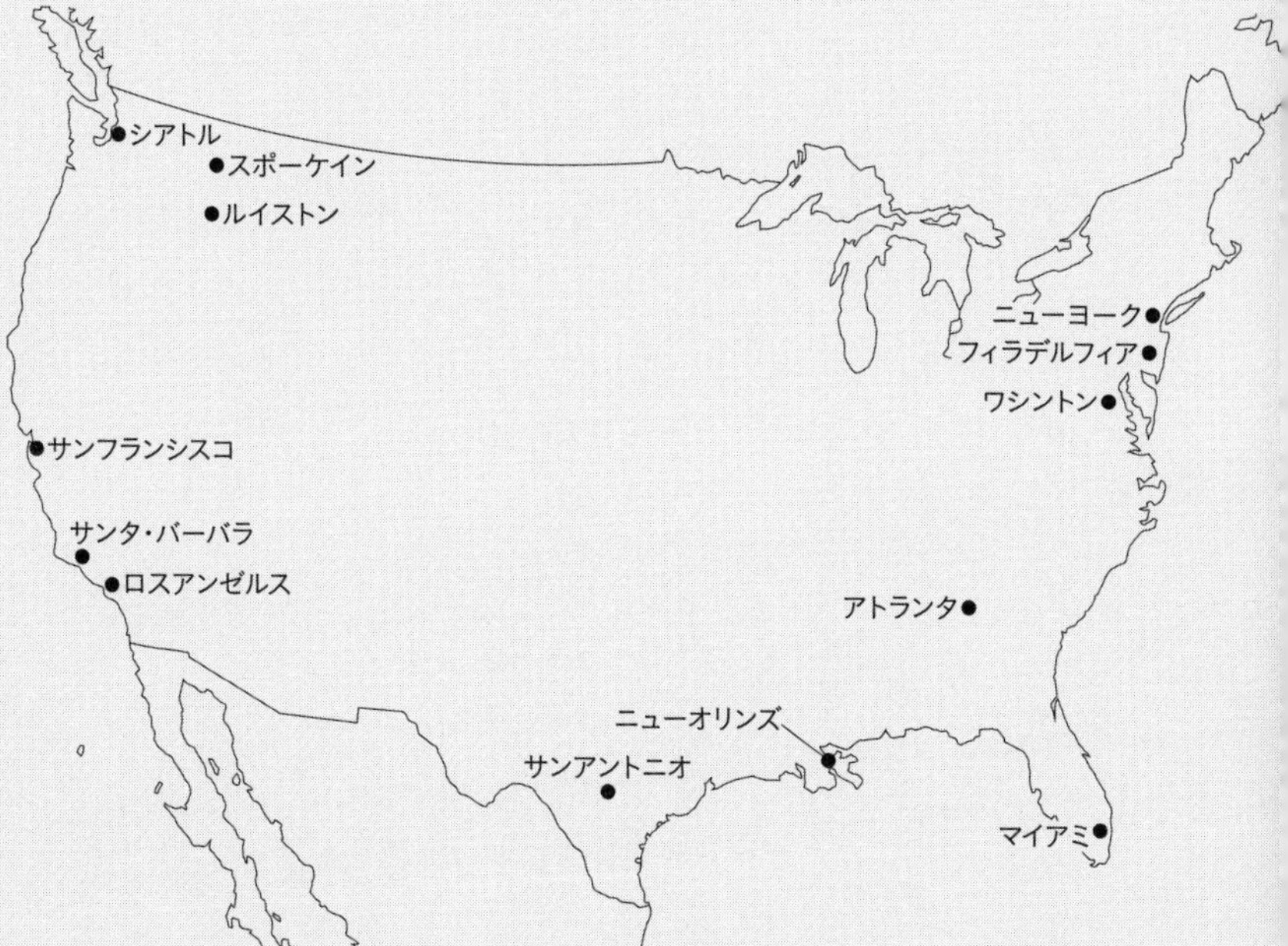
シアトル
スポーケイン
ルイストン
ニューヨーク
フィラデルフィア
ワシントン
サンフランシスコ
サンタ・バーバラ
ロスアンゼルス
アトランタ
ニューオリンズ
サンアントニオ
マイアミ

# 英語学校へ

## アメリカは近かった！

一九八四年一月二日、私は帰省していた郷里の長野から成田空港へ向かった。これから半年間、アメリカから西ドイツへと渡り、再びアメリカへと戻ってカナダ経由で帰って来るのだ。初めてのアメリカである。アメリカだ、さあアメリカだ、と思わないように、すぐはやりたちたがる気持ちを抑えるようにしようと自分に言い聞かせる。初めて行くアメリカにいろいろ不安を持って出てきた。

一日、二日経ってしまえばよいのだが、旅立ちの不安、面倒くさいような感じは、いつまでたっても一人旅の旅ごとにあるものらしい。アメリカは私にどんなカルチャーショックを与えてくれるのだろうか、という期待もあったのである。

成田空港から飛び立って八時間後にはシアトルに着く。ヨーロッパにはしばしばこの四倍もかけて行くことが思われた（私はヨーロッパに行くのに南経由を使っていた）。

アメリカは近かった！

通関を無事に済ませ、バスに乗って市内のＹＷＣＡへ向かう。途中、左手にボーイング社の工場が長々と見えた。小雨降るうそ寒いようなどんよりした冬の日である。しかしボーイング社の工場を始め郊外の様子は、日本との国力の相違を感じさせるのに十分であった。

首尾よくＹＷＣＡに着き、一七ドル支払って鍵をもらう。部屋は簡素なシングルでこざっぱりしていた。壁には一つの絵が掲げられていた。女の子が一人、赤っぽい斜めの丘の中腹で凧を揚げている。遠くに家、という心象風景である。

一休みしてから、街に出る。グレイハウンド（アメリカのバス会社）のあるビルを下見して港の方に降りる。一月二日、日曜日のシアトルは、人出も少なく、静かであった。しばらく歩くと屋内競技場の方から、たくさんの人々が歩いてくる。シアトルマリナーズの試合が終わったところであった。

巨大なスーパーマーケットで、パン、サラミ、チョコレート、ミルクを買い、ＹＷＣＡにもどる。

シャワーを浴び、早々とパジャマに着替えて、夕食を取る。暖かい部屋、清潔なポカポカする身となって、気分も楽になり、アメリカの第一夜を過ごす。

## 雪景色の中をバスは東へ

翌日は七時起きでまだ真っ暗な中を、歩いてグレイハウンドまで行き、（留学先の大学がある）「ルイストンまで」とどもりながら言って、チケットを買う。おしゃべりのおばあさんの隣に座り、まだ明け始めぬシアトルの街の灯に別れをつげる。

案の定ぐっすりと眠ってしまい、目が覚めると、あたり一面雪景色。雪の山越えなのだ。峠で一服。コーヒーとドーナッツを食べる。

アイスバーンの道を、バスはノロノロと進み、隣のおばあさんは問わず語りに、私に語った。シアトルのランドリーで二〇年間働いていた、今日は娘の住んでいるソープレイクとかいう町に行くのだ、という。悪いけれど、私は眠くて眠くて、適当に相づちを打って、そのうちにガーッと寝込み、またハッとして起きる、というようなことを繰り返す。

山は越えたが、雪はまだ大いにあって、うすら寒い。途中の町で、昼食のために昼の休止。狭いディーポ（バスステーション）の中にカフェがあって、ベタベタといろいろ貼ってあった。"beer to go"とか"We reserve the right to refuse anyone"（「わたしたちはだれでも拒否する権利を持つ」）とか……。なんとなく気にいらず、食事もたいしたものはないので、何も食べず、トイレに行っただけ。

おばあさんが降りた後、窓際の席に移って、雪の道を走って行くうちに、実に憂鬱な気分になってきた。フロリダとか、あっちの暖かい方を選べば良かった。シアトルの温暖な海辺から、こんな雪の山で隔離された山の中の小都市へわざわざ行くなんて、と後悔しきり（何しろルイストンという町とその近辺に関しては、情報がひどく少なかったのである）。

三〇分ほど遅れて、バスは途中の都市スポーケインに着いた。すぐに発車します、と言われて、トイレにもいかずに列の端っこで待っている。寒い屋外に五〇人ほどのお客を三〇分近くも待たせるのである。

アメリカという国はすべてが大ざっぱな国なんだなと思う。昨日の空港でも近代的な設備のくせにバッゲージ・クレームでずいぶん待たせたり、銀行が、ないか、もしくはひどくわかりにくかったりするのである。

とにかくバスは五〇分ほど遅れてようやく出る。またトロトロと眠りながら、夜の道を行く。どうやら雪はずっと少なくなってきたようだ。

七時過ぎになって、山の斜面の向こう一面に広大な街の灯がひろがってきた。それまであまりにも何もなかったのでそう感じたのかもしれない。いずれにせよ、この街の灯には、なんとはなしに感じの良いものを覚えた。七時二五分ルイストン到着。

一〇分ほどメインロードと書かれた淋しげな道を歩いてＹＷＣＡに着くと閉まっている。隣の店の窓ガラスを拭いていた若い女性に聞いてみると、五、六年前に宿泊用の施設は閉められたらしい。仕方なくルイス・クラーク州立大学の住所を聞くと、歩いて行けそうなので、歩き出す。ザックが肩に食い込む。人気《ひとけ》はほとんどない暗い住宅街の道路を歩く。しかし安全そうなのは助かる。

突き当りがカレッジらしいが、建物がたくさんあって、どれがそうなのか皆目見当がつかない。そこに車で来たおばさんに尋ねる。事情を話すと、とても親切に一緒にあちこち行ってくれた。ようやく女子寮らしきものにたどり着く。窓から灯りの洩れている部屋の戸を叩くと、中から女性が出てきた。デビーという名でこの寮の責任者だという。

今夜のところはゲスト・ルームに泊まり、明日アプリケーションの紙に書くように、と言われ、ジューン（親切なおばさん）に夕食は食べたか、と聞かれ、あまり甘えても、と食べ物は持っていると答える。本当はパン一個しかなかったのだが。デビーに教えてもらい、自動販売機でペプシコーラとクッキーを買い、それで夕食。部屋でシャワーを浴び、寛ぐ。つくづく捨てる神あれば拾う神ありだと、人々に感謝する。アメリカの夜第二夜。

## ルイス・クラーク州立大学

一月四日。九時に起き、一〇時頃、すぐ近くのEnglish Institut に行く。

「こんにちは、日本から来た者ですが」とひょっこり入っていくと、受付にいたまだ若い金髪のシャロン（この外国人向けの学校の責任者）やもうちょっと年増の秘書のエミーが、「オーッ」と言ってにこやかに迎えてくれた。バスではるばると来る人などあまりいないらしい。出入りする人たちは、マレーシア人、韓国人、ベネズエラ人たちで「ハーイ」と気軽に声をかけて行く。

予想どおり、この日はクラス分けの試験日であった。午前中にオラルと作文の試験を受け（頭がボーッとしてあまり良くできなかった）、午後はミシガンテストとか言う語彙その他のテスト。終わって、おなかが空いたと言うと、シャロンが車で近くのカフェテリアに連れていってくれ、「私も付き合うわ」と言って、そこで紅茶、豆スープ、アイスクリームなどを食べる。「あなたとおしゃべりできて楽しかったわ」と言って、奢ってくれた。ここらへんがアメリカ人らしい、きさくな良いところなんだな、と思う。

「アメリカで危険なのは、大都市だけであって、こういういなかはほとんど大丈夫だ」とシャロンはアイスクリームを嘗め嘗め言った。

私がここにたどり着くまでのいきさつを話したら、大いに同情してくれて（そんなにたいしたことじゃないのに、と私は内心思った）、許可証に自分の連絡先もこれからは書くべきだ、と言った。そういえば、あとで配られたリストには、教師たちの個人的な住所と電話番号が記されており、アメリカのイメージとは何か違う感じがした。アメリカでは個人情報が守られていると、聞いてきたからだ。

戻ってから三時にまたオフィスに行く。シャロンからターキントン・ホールの資料を渡され、明日からの私のクラスやその場所の説明を受ける。中国人学生を空港まで迎えに行ったエミーが戻ってきて、今夜の夕食を招待される。しばらく三人で、言語学のこととかしゃべって、寮に戻る。

五時にエミーが迎えにきて、その旦那さまの車で家に行く。パテにひき肉、豆ときのこのサラダ、デザートはフルーツ。夫は小学校の校長をしているという。良識あるアメリカ人夫婦とみた。リュウタ君という正体のよくわからない日本人がいた。

アメリカでの夜第三夜。今のところ、毎日が出会いであり、いろいろあっておもしろい。テリトリーを拡げる時期なので、それもまたよし。

## ターキントン・ホールでの生活

翌日は八時半から授業が始まる。

一時間目の授業はオラル、眠くなってしまうようなおとなしい人たち五人のクラス。講師はフレンドリーな太ったドリー。二時間目はマリア・ブラウンの語彙。三時間目は禿できつい度の眼鏡をかけたドワイアン先生のグラマー（文法）。早口で手厳しい。

昼前に受付に行くが、エミーはおらず、講師たちは集まって何やらミーティング中。そこで寮にもどり、昨日リュウタ君の言っていたスーパーマーケットを探す。うろついていると、ジア（昨日受付で会ったフレンドリーな韓国女性）に車から呼び止められる。彼女に大学の裏手にあるスーパーに連れていってもらう。そこでシーツ、ノートなどの文房具、食料などを買う。食料品にはがっかりした。りんごは毒々しい真っ赤だし、チーズ、パン、ハム類にも良いものが見当たらない。ヨーロッパのようなスーパーの買い物の楽しみが全くない感じ。ただし日本食はいろいろある。

スーパーから出ると、夕暮れ迫る時刻で、低く連なった山並みが、青々として美しい。結局、ジアの家に寄ることになり、家に着くと幼い息子が二人おり、夫は去年、バイク事故で死んでしまったという。そのうちに新しいボーイフレンドのデビッドとその兄弟が来て、いろいろだべる。九時近く寮に戻り、デビーと部屋のことを話す。結局、明日ということになる。

翌日は午前中、講義があり、午後にホールの部屋の移動。部屋は三人部屋で、ベッドは三人分あったが机は二つ。そのうちの物が置いてない方を勝手に自分のものとする。デビーに言われて、寮全体を取り仕切るハウザー氏に会いに行く。

ハウザー氏に愛想良く受け入れられ、敷金の一二〇ドルを支払って、気分よく部屋に戻る。

帰ると、ルームメイトたちがきていて、ドロシーとダネットと自己紹介される。こうして、私のターキントン・ホールでの生活が始まった。

土曜日にハウザー氏の招待があって、外国人学生が五、六人ほど集まった。日本人三人、ナイジェリアのクリス、中国人のダイなど。ビーフストロガノフが出た。

帰ってすぐ、アリスン（大きな声でしゃべる威勢の良い子）とダネットに誘われ、地下にテレビを観に行く。『ホーム・ボート』と『遠い島』というドラマ。この手のドラマは多いらしい。面白く思ったのは、二つとも想定が非日常であったこと。日本のドラマの傾向では、ホームドラマとか、刑事ものとか、日常生活に根ざしたものが多く、その点ではずいぶん違うと思われた。もっとも二つくらい観ただけでは判断はむずかしいかもしれないが。

## おしゃべり

翌日は日曜日なのでゆっくり休んで、一〇時頃起き、依頼されているフランス語の翻訳をしていたら、アリスンに誘われ、ダネット、ドロシーと一緒に昼食を食べに食堂へ行く。この日は、チキンバーガー。

ダネットはおしゃべりをしに別の部屋に行き、ドロシーは趣味の編み物をする。私は翻訳の続きを夜までかかってした。

翌朝はダネットの目覚ましで起こされ、八時半から最上級のローザンヌ先生による聞き取り訓練。やはりこちらの方が良いのでと、クラス替えをさせてもらうことにする。

一時にオフィスに行き、クラス替えのことをDr・テイラー（シャロンのこと、みんながこう呼んでいるので、私もそれに従うことにする）に申し出る。

午後はリンダ・フォークのディクテ。このクラスも少し人が多くなってきた。講義の後、リンダにフランス語で話す会に誘われる。彼女はフランス語のできる学生を探していたようだ。帰り道、歩きながらリンダとフランス語で話す。

四時から四時半まで図書館に行ってみる。四時半に閉まってしまったので出て、五時半からバーベキューというので、どんなものかと思って行ったら、火で焼いたハンバーガーのこと。ダネットたちの椅子がいっぱいになってしまったので、私は見知らぬ女の子二人の中に入る。その子たちは、「ハーイ、ここにお座り」と気軽に声をかけてきたが（ここら辺がアメリカ人だな、と思わせた）、しかし、おしゃれで人の噂が好きそうなタイプのその子たちに、こちらから話しかける勇気もなくて、私はまずそうにポテトチップなどをつまむ。

夜遅くなってアリスンの車に男の子たちもすし詰めになってマクドナルドにアイスクリームを食べに行く。その後、廊下でお喋りをする。ダネットが言うことには、この寮の三階には何とかいうわがままな子がいて、その子とデビーには確執があるらしい。そういう噂話に私の二人のルームメイトとアリスン（この三人は仲が良い）がとっぷり浸かっていて、私も巻き込まれそうな気配である。

ラジオの音が小さくて、寝過ごし、ダネットに起こされる。慌てて、朝食を食べ、クラスに行く。午前中は、ローザンヌのスピード・ラーニング。終わってすぐにラボラトリーに行き、四時までやる。その後部屋に戻ると、ダネットとドロシーで例の愚痴。六時から夕食。今日はハムホック。ダネット、ドロシー、アリスンと。アリスンはちょっと沈みがち。

夕食後、図書館で勉強していると、マリア・ブラウンに声をかけられた。九時までだと思っていたら、七時半に電気を消された。アメリカの図書館は日本よりも遅いが、フランスよりも早く閉まる。

戻ると、ドロシーの友達のカーリーヘアの子が来ていて、割に喋りやすい人であった。ダネットはアリスンとドロシーと三人でひそひそ話を始め、私は自分のベッドで寝たふりをして、苦虫を嚙み潰している。

## 初めて日本が恋しくなる

こうしてここでの「日常」が始まった。

私はここの一群と付かず離れずの中途半端な友人関係に今いるわけだが、しきりにストラスプールの友人たちが懐かしく思われた。去年行ったニュージーランドのMやTでさえも、同じ年頃、同じ英語圏の人々なのだが、奇妙に懐かしく思われた。

ここの人たちは、双子みたいに似ているな、ストラスブール大学にはもっといろんな人たちがいた。狭い地域社会の中で近くからきている人たちが多いせいか？

私のように、とりわけ人間関係において繊細な者は、やはりこういう大部屋所帯には向かないな、と感じる。多くの部屋で、人がいる時にはドアを開けっ放しだし、他人の部屋にノックなしに入って来る。そんな中で、私は何となくダネットの態度がよそよそしくなっているのに気づいた。この人は何か問題を抱えているのではないか、気分にむらがある。先生志望のドロシーの方が、落ち着いていて、勉強家なのである。そんなことが思われた。どうも今一つ寮への適合に、心理的に成功していないようである。

人気《ひとけ》のない図書館でデスクに向かっていると、ここが私の居場所という感じがする。部屋では居にくさを感じ始めている。人々は私と話すことに全く興味を持っていないようであることにもくじけているのだ。英語学校の方は始めから全然問題ないのだが。初めて日本の家、生活のことを恋しく思われる。正月早々、家を離れて、渡米してきたのだが。

午後のスピード・ラーニングの後、ローザンヌ先生と寮への道を少しずつ歩きながら立ち話する。ここの英語学校の人たちとはこんなにも話があるというのに、なぜ寮の女の子たちとは、話題がなくて困るんだろう。部屋に戻るとダネットとドロシーがいて、何となく居にくさを感じて、図書館に向かう。三時から五時半まで勉強。夜はユキさんの部屋に行って、カリフォルニアの旅行会社の情報をゲット。この人はもう亡くなったフランス人の父と日本人の母との間に生まれて、あちこち外国を転々としてきたらしく、ちょっと情緒不安定なところがあって、なかなか付き合いにくい。部屋に戻ると、ルームメイトたちはどこかに行っていて、私一人先に寝る。結局、二人が一時頃帰ってきた時に起こされる。

## サーモン・リヴァーの河の色

グラマーは何だか退屈でいつもついつまらなそうな顔をしてしまう。
ナイジェリア人のナンジに出会い、二人で図書館に行く。午後は四時頃出て、街に一人で行く。河を見下ろせる道を歩いて。さすがに一時間も無帽で歩くと、耳が痛くなる。夕陽が河の向こうの丘に沈んできれい。先週行った時計屋に行くが、修繕できないと言われて、一五ドル払って、日本製の小さな目覚ましを買う。

夜、ローラ（背の高い子）に誘われて、ダネット、コニーと四人でセヴンナップ、ビール、ナッツ、ポテトチップスなどを買いこみ、コニーの部屋で宴会。私はおとなしくしている。ここでPPMとかボブ・ディランとかの私が高校生だった頃に流行った時代ものの歌が飛び出してきてびっくりする。コニーはおじさんが日本に住んでいて、自分もそのうち行きたく思っているとの事であった。

一月一五日。カフェでジァと待ち合わせし、土曜日だし天気も良いし、サーモン・リヴァーを見に行こうということになって、ジァ、息子二人、ボーイフレンドのデビッドとその友達のジム、リュウタ、ユキさんとで出かける。ケンタッキーフライドチキン、サンドウィッチ、セヴンナップ（どうしてここの人たちはこういつも甘い炭酸水ばかり飲みたがるんだろう）などを積み込み、東へ。

だだっぴろい平原をひたすら走り、ウィリアム・クレイとかいう男が、一八四〇年に初めてこの付近に住み着いたという立て看板を見て、ロウアーズ・キャニオンという谷間を通り抜け、まただだっぴろい平原（遠くに雪の山脈）を走り続けると、不意に深い谷に出る。ここら辺には先住民の居住区があるそうだ。

こんなところに住んでいると、人は、こまごました他の世界の生活などどうでもよくなる気になるんだろうなーと思った。私はドナウ河もライン河も見てきたが、あれらの河は完全にコントロールされた街の中の河だった。それに比べてこの河のワイルドな感じはどうだ。初めてこんな河をボートで下ったり、初めてこんな平原に住みついた人は、どんな気持ちがしただろうか、と思う。何百マイルも人一人いない野原や山地や平原のうち続くただ中に住んで……。

岸辺にたたずんで、この厳しい河の色をけして忘れまい、と私は思った。

石器時代の先住民が住み着いていたというほら穴を過ぎて、いよいよサーモン・リヴァーに至る。昔、先住民が住んでいたという岩のあるところ、かつて中国人のクーリーたちが砂金を探すために河原の石を掘り動かしたところに行く。苔むした河原の石がごろごろと続き、なんだか不気味な感じさえする。対岸はほとんどはだかの岩山、昔みたアメリカ映画のシーンなどを思い出させた。

そこからまたしばらく車で河沿いに走って、別の河原に行く。ここでジムが矢尻を見つけてくれた。帰りはジァの家でご飯に海苔、ほうれん草、イカなどを食べさせてもらい、九時すぎにターキントン・ホールに帰り着く。一一時から二時半までホールのテーブルで、依頼されているフランス語の翻訳を一人静かにやる。

翌朝からひどく寒い日が続き、外に出る気にもならない。

リュウタと朝食が一緒になる。この人は三年間、こっちの高校に通っていたとかで、ユキと同様の「変な感じ」の持ち主である。この「変な感じ」というのは、長く外国に住むべきでない性格、性向の人が、にもかかわらず長く外国に住んでしまっている人のことを指す。

## ターキントン・ホールでの日常

このようにして、朝から学校へ通い、昼はターキントン・ホールの誰かと食事をし、午後は講義、その後図書館またはラボラトリーに行って勉強、あるいはフランス語の翻訳をする。夜はいろんな人がやってきて順番におしゃべりをしていくものだから、自分のことに集中できない。くだらないことばかりのおしゃべりなのだが、これも会話の練習とばかり、私は拒む気にはなれなかった。もっとも私が拒んだとしても、彼女たちは平気で来ただろうが。

ドロシーとダネットは牛活時間がしばしば合わなくて、ドロシーは早寝で、ダネットは時々よその部屋に行ってお喋りをしてくるらしく一二時過ぎに帰って来る。それからシャワーを浴びたりする。灯りも付けず静かに出入りするようだが、私は眠りが浅いせいか、いつも起こされてしまう。ドロシーときたら、まったくクマみたいに長寝なのだ。かくして、私は図書館通いとなる。

ある朝、日本の友人たちから、まとめて手紙を受け取る。その日の午後は受け取った手紙の影響もあり、何だかやる気がなくて、ボーッとしてグラマーの講義を聞く。ユキさんとヒロ子さんとが、それぞれ週末から来週初めにかけて、用があるとかで、その言い訳の手紙を託されて、受付のトレイシーまで届ける。その際にトレイシーから「いつまで留守か」と聞かれ、「知らない。彼女らは十分大人なのだから彼女たちで決めることだ」と答えると、トレイシーは「その考え方は大いに気にいった」と答えたので、留飲が下がった思いがした。そもそも何で私が頼まれなくてはならないのか、と思っていて、それでもユキには文法の本を借りたということもあって仕方なく引き受けてしまったのだった。

ある夜、女子バスケットボールの試合があった。最初負けていたのが、中盤からだんだん押し気味になり、ついに延長戦の結果、六点の差で勝った。なかなか良い試合であった。ステイシーという美少女が肌をバラ色に染めて頑張っていた。

日差しが強くなってきたある土曜日、リンダ先生が迎えに来て、街でも一番というレストランに行き、『フランス語を話す会』とやらに参加する。やってきたのは、結婚して三六年という元パリジェンヌのレジャイナさん、大学のフランス語講座で教えているジョンソン夫人、高校でフランス語を教えているリイ氏、等々。リイ氏は蝶ネクタイをしていた。

初めは私を「なんだ、この子は」と不審顔をしていた彼らも、私が流暢にフランス語でしゃべり始めると、警戒心を解いたようだった。私はスノッブな連中だ、と心の中で思ったが、素直な態度に出て黙っていた。出てきた料理は、シーザーサラダ、ビーフシチュー、アイスクリーム、コーヒー。サラダの中に一ペニーコインが入っていて、誤りに来た美人のお姉さんは、他の従業員とは違い短めのピンクのセーターにグレイのピッチリしたパンツ姿で（オーナーの娘と言ったところか）、アメリカ人らしくて好もしかった。

　パリジェンヌのレジャイナさんに誘われて、来週の週末にご自宅を訪れることになる。

## 新体操審判講習会の通訳依頼

　翌日の日曜日は、河沿いを一人でジョギングする。本当はコニーとトレイシーも来たがっていたのだが、待ち合わせ時間を過ぎてもこないので、仕方なく一人で走ることにしたのだ。久々のジョギングですっかり汗をかいたが、終わってからシャワーを浴びると爽快な気分になる。

　やっとこの寮にも慣れて、最初のころの息苦しい気分はいつの間にかなくなった。最初の週は寮のラウンジに足を踏み入れた途端に嗅《か》ぎ取っていた女の子のムンムンしたような匂いは慣れたせいか、感じなくなってきた。

　ある日オフィスに行き、Ｄｒ・テイラーに文化人類学か社会学の講義を受講したいと、申し出る。Ｄｒ・テイラーからスケジュール表をもらって、検討することになる。

　リーディングのクラスでは、図書館の二階に行ってスピード・リーディングの機械の使い方を教わる。

　イラン人のハミーダがお誕生日で、ケーキを大盤振る舞いで配ってくれた。

夜、久しぶりに日本に関する本を読み、この四週間、別に日本の活字が恋しいとも思わずにきた自分に気づく。時々、東京での生活や長野の家の人々はどうしているかなあとは思うけれど、日本の歌も日本語の本も、日本の食事も全然恋しいとは思わない。これは私がここでの生活に慣れてきたせいだろうか、それともまだ一か月くらいしかたっていないからだろうか、全然考える余地がない程、生活が手一杯で、しかもプライバシーがないので、気を張っているということなのだろうか??

二月八日。TOEFL(Test of English as a Foreign Language)の試験を受けようと決心して、その準備を始める。ローラとドロシーに手伝ってもらい、申込書を書いてオフィスに出す。

この頃の私は、フランス語の翻訳もやらなければならなくて、ちと焦っていた。それなのに、金曜日の夜となると、様々なパーティーに行き(たとえばだれそれの誕生日とか何かのお祝いとか)、大酒を飲んでは、翌朝、頭痛を抱えて大反省をする、という日々を送っていた。

医師のドヴァックさんに誘われ、その家を訪れる。彼は大の日本びいきで、日本人を探してオフィスを訪れ、たまたまその時にいた私と巡り合ったのである。彼の家には様々な日本に関する物があった。日清、日露の戦争、第二次世界大戦の時の写真とか資料、レコードをかけてみれば日本の演歌、その上、バスはヒノキの風呂であった。

バーベキューを食し、居心地の良いソファーに座って、テレビを見る。楽しい夕べであった。

翌日の午後、家からの手紙で新体操の関川先生から電話があり、審判講習会が四月の初めにフランクフルトであるので、ぜひ通訳をして欲しい、とのこと。この手紙に興奮し、いろいろ考えねばならず、寮の階段を上へ下へと無駄に動き回る。五時頃になって、取り敢えずヴィザの半年延長を願わねばならないと、Ｄｒ・テイラーに会おうとオフィスに行くが、もう暗くなっている。その夜はヴィザのこと、これからの日程のことなどいろいろいろいろ考えて眠れず。この半分眠ったような牛活環境から、一気に振り起されて、ここの生活に少しうんざりするものを感じ始めていたものだから、急に目が覚めた。

（この日から、ここでの生活は、終わりに向けて、坂を駆け降りていった。）

## アメリカ旅行の準備

翌日の午後、Ｄｒ・テイラーに会いに行くが、ツーリストヴィザについてはスポーケインのイミグレーションオフィスに電話しろと言われ、少し冷たいなと感じる。

予め調べておいたニューヨークの小さな旅行会社に電話して、航空チケットについて調べてもらうと、ニューヨークからのフランクフルト往復で、安くて五五八ドル、ニューヨークからフランルクフルト行きは、ノーマルチケットでもっと高くなるとのこと。やはり絶対にニューヨークに戻ってくるチケットでなければ、と考える。

先週のTOEFLの結果は五五〇点でナイジェリア人のナンジに次ぐ成績だったが、もっとよくできたはずなのに、と不満。

その後、ニューヨークのイミグレーションオフィスに電話したり、日本のトラベル会社に電話したりするが（誰も出ない）、埒があかず、どうしようもないので開き直って、夕食後図書館で勉強する。

翌日は朝からバンクーバーの総領事館へ電話するが、出てきた女性は写真一枚が必要だ、と繰り返すばかりで、肝心のお金のことは、それは係官に依る、とか言う。またまた埒があかず、ニューヨークの旅行会社に電話するも、担当者がおらず、折り返しの電話を待つことになる。待つうちにニューヨークとここでは時差があることに気がつく。待っても待っても電話は来ず、がっかりして夕食は一人で食べ、部屋に戻って、鼻がムズムズするので風邪薬を飲む。すると、頭がボーッとして来たので横になる。しかし眠れずにいろいろとベッドの中で考える。

いっそカナダ側に出てしまって、トロントなりとからフランクフルト往復の切符を買えばよい、と思うと気が楽になってようやく寝ることができた。

翌朝、先日電話したニューヨークの小さな会社、宮本旅行に再度電話すると、親身になって、相談に乗ってくれた。電話に出た新井さんによると、カナダ発フランクフルト行きではカナダドルに換える必要もあり、高いという。いったん切ってまた考えこんでしまう。考えるうちに、ある別の「良い考え」が浮かぶ。さっそくオフィスに行き、エミーにこの次登録する時に必要な書類はと聞くと、案の定、何にも要らない、と答えられる。

寮に帰り、この解決方法はかなり成功率が高いように思われ、急に気が軽くなる。なんでもっと早く気づかなかったんだろう。いろいろ電話したり、悩んだりして……。

Bクラスの終わるのを待ってリンダ先生に相談しに行く。リンダは私が考えた方法については、自分の意見を言わず、ただ私がその解決策に至るまでに苦しんだことに同情しているようだった。

翌朝、Dr・テイラーに来季また戻ってきたいというと、彼女は喜んで「では良いホリデイを！」と言ってくれた。私はまた少し良心の痛みを感じる。私は彼女に来年また来ると嘘をついて、「I 20」という証明書を発行してもらったのだ。これで米国再入国を許される、というわけである。

と同時に、アメリカ半周旅行に出る前に、翻訳を終わらせて、それを日本に送らなければならない。私はフランクフルトへ行く前の一か月半を利用して、アメリカを見て回ろうと思ったのである。

## 草原の端の小さな家

旅の計画、それは計画である段階では、ワクワクするような楽しいものである。私は山の中を南行して、まず知り合いのいるサンタ・バーバラを目指して行こうと思った。それからロスアンゼルスを見て、後は適当に南の諸州を見てまわろうという魂胆である。

さて、次に私は、この辺りをもう一度車で回って見たくなりトヴァック夫妻に頼んで、ある土曜日にスポーケインに行った。

うねうねの禿山を越して行くハイウェイ。スポーケインに近づくと、松や杉の林がちらほらと見えだし、二か月も緑のない所に住んでいたんだなぁと何だか木々が懐かしく感じられる。スポーケインは人口一〇万人くらいのさして大きくもない街だが、ルイストンに比べるとひどく大きく感じられ、これもまた二か月も辺鄙な田舎に住んでいた、と思われた。

アルビーでハンバーグを食べ、日本庭園という所に行くが、閉まっていて、外から眺める。日本中国食品のスーパーマーケットに行き、梅酒とか日本酒を買う。街中の大きな外国食品を売っているスーパーマーケットにも行き、そこでフランスのチーズを買う。夕食には、この街でたった一つの日本レストランに行き、てんぷら、鉄板焼き、すき焼きなど、たらふく食す。夜遅くルイストンに戻る。

翌日はエミーと旦那のアーミテージ氏と共に、ドライブに出かける。ヅルリック湖を見渡す森の中にある所有地を見に行くという計画に誘われたのである。

クリアウォーター河に沿って、オロフィーノへの道を行くと広大な台地に出た。遠くに雪の残る青い山脈。緑の増してきたうねうねの禿山。途中でアーミテージ氏の生まれたという村を通り、そこで親戚の農家を訪れた。

右手に窪地、左手に松林という広大な景色を眺めながら、「こんな所で生まれ育ったら、どんな感覚の人間になるのだろう」と、今会った人たちの、粗野だが、奥に秘めた優しさのようなものを思いだしながら考えた。

火を炊いて、キャラバンの中でサンドウィッチの軽い食事をする。その後、アーミテージ氏はお昼寝をし出し、エミーと二人でおしゃべりをする。アーミテージ氏は小学校の校長なのだが、州政府が予算削減のために、学校閉鎖を検討しており、それでこのところたいへん心労が多いという。

四時頃、日が傾きかけたので、キャラバンを閉め、帰路に就く。たくさんの野生の鹿が夕方、草地に草を食べに出てきているのを見かける。スカイラインに鹿の影が浮かび、大きな青く丸い月が松林の丘の上に昇って来るのを見た。

途中、アーミテージ氏のおばさんの家を訪れる。八七歳になるというこの老婦人は、たいへん頭が明晰で、一人でこの草原の端の小さな家に住んでいた。

帰路は谷に下り、途中のカフェでハンバーグを食べる。田舎っぽい雰囲気があってこういうドライヴ・インも懐かしく思われた。七時過ぎに寮に帰り着く。

## 「肩で風を切る、世を拗ねたわたし」

その後でアリスン、ダネット、ドロシーなどがガヤガヤと帰って来て、またまたパーティーにつきあわされる。

今夜は日本酒をアリスンが買って来て、ディップなどをおつまみにして食べる。ローラ、パットも来て、ローラがエロ小説を朗読して、ポップコーンを食べながら、大笑いして聞く。ひと騒ぎの後、一時過ぎにようやくベッドに入る。

夜、眠れぬままに考える。部屋の古いスティームのカチャカチャいう音、この音だけが本物でこの寮のすべての物は皆まがい物、虚構のこと。ここでは私は優等生になりすまし、しっかりした、経験深く、心地良い人間に見られてはいるのだが、「気をつけろよ」と心の中で言っている何かがいる。「用心しろよ、これは一種の罠なんだ」。こんな風に、「良い子」であってはならないのだ。「斜に構えて肩で風を切る、世を拗ねたわたし」を忘れてはならないのだ。

ここの狭量な少女たち、テストのこと、ボーイフレンドのこと、他の少女たちの噂話しか興味を持っていない連中。外に出れば、人々はあまりにもニコニコしていて、お世辞ばかりである。こんな所にいつまでも住んでいては、私は駄目になってしまう。

昨日の夜、眠れずに考えたことを実践すべく、朝早く起きて行動に移す。まずオフィスに行き、Dr・テイラーに、「I-20」というフォームを出してもらう。これはあらかじめDr・テイラーにお願いしておいたので、簡単に出してくれた。再入国の時に必要な書類である。次にローザンヌ先生の所に行き、彼女にロスアンゼルスにいる友人を紹介してもらう。それからリンダ先生にフロリダにいる友人の住所を聞いた。こうなったからには、南回りのルートを選ばねばならない。アリスンも自分の知っている家族を紹介してくれるそうだが、これはあまり期待できないと思われた。

さて、依頼されている翻訳を急いで終わらせなければならない。私は猛スピードで翻訳を進めた。しかし部屋ではうるさくってできない。そこで私は図書館で翻訳を進めることにした。自分の好きな椅子に座り、その図書館で仕事をすることは何となく楽しい気分になった。

二か月かかった翻訳を終えると、急いで郵便局へ行って、完成品を日本へと送り出す。パンパンと手を叩いて、これでおしまい。ようやく気が楽になった。

# アメリカ南部の旅

## サンフランシスコのエレン

三月の初めに雨のルイストンを発って、私は南回りでニューヨークへと向かった。バスに乗り込むと、この二か月半のことが矢継ぎ早に次々と浮かんできた。寮での生活、そこで出会った友人たち、ルイストンに着いた夜のこと、外国語研修院のこと、果ては日本の甥、姪のこと等々。これであの町ともお別れかと思うと、やはり感慨深く、胸ふさぐ思い。

広い谷間の道を行くうちに雨は次第に上がり、大パノラマとなる。下り坂を降り切った所で、小休止。食堂のお姉さんが作ってくれたサンドウィッチを感謝しながら頬張る。再び降ってきた雨の中を出発し、小一時間眠るといつの間にか森の中の雪道となっている。国立公園の一部を通り抜け雪の平原を進むうちに、だんだんと薄暗くなってくる中をボイジー着。ローラの妹は、やはり姿を現さず、一時間半をガイドブックを読みながら過ごした。さあここからはアイダホの田舎も終わり別の旅が始まる。気を引き締めて行こう。

昨夜、あまり寝ていなかったので、バスの中で爆睡。シエラネバダの雪の山道を過ぎ、目覚めると、辺りは急に暖かそうな景色になっていて、椰子の木などが茂っている。八時半にサクラモント着。偶然、ディーポの近くにある市庁舎の中庭に入り、そこの大きな椰子の並木道、バラが咲き、オレンジが実っている春の都会に来て、うれしい気分になる。と同時に、二か月もあんなド田舎によくぞ住んでいたものだ、と感慨に浸る。

一時間ほど待って、再びバスに乗り、ようやくサンフランシスコに着く。私はかなり緊張していて、約束どおりバークリー氏に電話して、ディーポで待つ。二〇分ほどしてバークリー氏が現れ、子守歌のような彼のエスペラントを聞きながら、ウトウトしてしまう。

ハイウェイをかなり走って、ヒルズボロウという町に着く。かなりな高級住宅地で、シュルツさんという夫妻とバークリー氏とで、薄日の射す庭でピンクのバラ、真紅の椿などを眺めながら、サンドウィッチとリラダの昼食を取る。いい気分。

その夜、ドヴァック医師に紹介されたエレンに電話する。少しハスキーな声。フレンドリーな感じで、初めから気が合うなと思う。

翌日エレンは約束した一一時きっかりに現れた。彼女の態度には、最初から何かしら人を打ち解けさせるものがあった。私たちは彼女の大型のシボレーで（過去に二度大きな事故にあって、それ以来大型車に乗っているとのことであった）、ゴールデンゲイトブリッジを渡り、対岸のちと観光的なブティックを見てまわり、ベンチに腰を降ろして、休む。私たちはかなり抽象的な会話をした。世の中の人たちのことなんかだ。こんな青臭い哲学めいた会話は久しぶりだな、と私は感じていた。昔、大学時代に、ごく親しい友人たちと交わしていたような会話であった。それを今日初めて出会った一二歳年下のアメリカ人女性としている、ということに妙な感じがした。

私たちは初めて会った瞬間から意気投合して、彼女と私は同じ種類の人間なのだ、と感じたのは私ばかりであろうか。あのアイダホの少女たちとの何たる相違、あの少女たちは二〇歳の時の私とは遥かに遅れていたが、目の前にいるこの女性はよっぽど進んでいるような気がした。白系ロシア人である、と言い、現代のソ連体制には反対である、とはっきり言いきった。

何しろ彼女はカッコよかった。私より七、八センチ背は低く、華奢《きゃしゃ》な細身で、ブーツをカツ、カツいわせて、大またで歩いた。私はアイダホの田舎で頭の悪い連中に囲まれて、いい年こいて、ヨレヨレのジーパンにスニーカーなど履いている自分が、何だかひどく「山出し」に感じられた。こんな子を独占して、一日を思い通りに歩きまわることに、何だかめまいのようなものを覚えた。

白系ロシア人であるエレンの父親に頼まれたという本を探しにロシア語の本が置いてある書店に行く。そこにはロシア最後の皇帝であるニコライ二世とその妻の大きな写真が飾られてあった。
エレンに送られて、グリーン家に戻る。その夕方、次の目的地であるサンタ・バーバラのエマさんに電話して、明日の約束をする。

## 胸のときめきと落胆と

翌朝、グリーン夫妻に見おくられて、サンフランシスコを発ち、またグレイハウンドに乗ってサンタ・バーバラに着いたのが、夕方であった。エマはディーポまで迎えに来てくれていた。彼女は御年七〇歳、長い白髪のちぢれ毛を後ろでまとめて、快活に微笑んでいた。エマとはエスペラントを通じて知り合った仲間である。エスペランチストのシンボルである大きな緑の星のペンダントを勲章のように胸に付けていた。その夜はエマがダンスの練習に行くと言うので、一人でお留守番。

翌日はすごく良いお天気、午前中はカリフォルニア大学のサンタ・バーバラ校に行く。ショートパンツ姿で自転車に乗って行きかう学生たちは、非常に自由でのびのびしているように見え、こんな所で暮らせたら、と思われた。人生は数多くの可能性の中から、一つしか選べないんだなということをつらつら考えているうちに　何だか辛くなる。

海辺に行くと、たくさんの人々が日光浴をしたり、バーベキューを焼いたりしていた。

午後には二時からエスペラントのミーティングに参加する。エマが幹事をやっている教会の一室で、明るい窓からは、高い椰子の木が見え、山々が望める気持ちの良い部屋であった。私が紹介され、次に一人一人がこの一か月に起こったことなどを話してから、本日の議題に移る。このサンタ・バーバラでは三か月後に全カリフォルニアの大会を開くということで、少ないメンバー（八人）でその準備に当たるというのである。私はすこし退屈して、窓からの明るい海景を楽しみながら、物思いにふける。

打ち合わせは四時半に終わり、そこで知り合ったアルチゥーロ（アルチュール）という中年男性に招待され、エマに断ってからその家に行く。アルは細面でかつてはさぞやイケメンであったろうと思われた。彼は最近二度目の離婚をしていて、三度目の彼女がいるらしい。今のところは一人暮らしで、広いワンルームみたいな所に住んでいた。男性にしてはよく片付けられている。黒い自転車があった。

「あなたに一点、僕に一点」とか、発想が割りあいに面白い。以前テキサスに住んでいたと言って、その頃書いた新聞記事を見せてくれた。高校教師でジャーナリストもやっているとのこと。私がルイストンの地方新聞を批判したら、テキサスでも同じだと言った。

水色に塗った小型のバンに乗って、オリーブやらレモンの木が続く快晴の道を行く。古いトラックの助手席でゴトゴト揺られて乗りながら、この時私は何とはなしに胸のときめくものを感じた。

タイ料理の店に立ち寄り予約をしてから、集会場となる予定のホテルに行く。少し飾り付けなどの相談をしてから、タイ料理店に戻り、端っこの二人席に収まり、私は甘辛いカレー、アルは春雨サラダみたいなものを注文してビールを飲み、エスペラントで話す。

その後、サンタ・バーバラで一、二という海辺のレストランに行き、海辺を散歩して（すごい星空）、アルは「女友だち」に電話する。私は待つ間、何となくがっかりして、トイレに行ったり、スペイン風のゴージャスな夜の中庭の方に目を向ける。ようやくアルが出てきて、急に慌てて、今の電話は単なる友だちだ、という。私は冷静になって、彼女はいくつか、結婚してないのは良くない、などと言う。

星空の浜辺を走ったりして（お互いに気が若いなー）、トラックまで戻り、ピア（桟橋）に行く。その間、アルは二か月間大型ヨットで旅をしたり、スペインで七か月過ごした、などひっきりなしにしゃべり続けた。

海辺には、ピザハウスなどが立ち並び、若者たちが疲れたような顔をして、たむろしていた。土曜の薄暗いピアには散歩をする人々がわりといて、海辺の独特な雰囲気があった。

最前の嵐でダメージを受けたピアに行き、日本へ輸出されるというウニを見てから、海の見える二階のテラスで白ワインを飲んだ。近くのバーからの音楽、夏の海辺の夜の感じは心よく、ピカソの『夏の夜釣り』を思いおこさせた。

この髭の、割りあいに紳士的でもあり、少年っぽい所もある、中年になりかけの今日知り合ったばかりのアメリカ人教師との会話を私は楽しんだが、彼のあまりにも浮気っぽい所が好きにはなれなかった。

## ロスアンゼルス

翌朝は午前中に溜まった日記とか手紙類を書き、三時半のバスに乗る。エマに見送られて。このエマという七八歳の女性は、やはりちと変わった人物であったな、と思われた。この人は下手な運転のくせに絶対に人に譲らず、猛スピードで走り、対向車を慌てさせる。特に運転中に話す時のちょっと冷たい口調、一風変わった信仰、七〇代でダンスの大好きなこと（これは特筆すべきことではないが）、等々。

その日も、あまり似合わないド派手な黄色のカッパを着てきて、衆目も構わず、駐車場で私にカメラを向けた。

エマと別れて、バスの通路側の空いている席に座り、また少し憂鬱になり、居眠りをする。居眠りをするうちに、ロスアンゼルスに着く。ガウディ氏が程なくやって来て、私をサン・ピードロにある自宅に連れていってくれる。彼の作ってくれたチーズサンドなどを、ボソボソ食べる。そのうちにパスタール（牧師）である奥さんが帰ってきて（実はエスペラントであるこの奥さんが私の友達であった）、私といろいろ喋る。奥さんは大変に頭のきれそうなしっかりした考えの持ち主で、それに比べると旦那は少し鈍い感じであった。そこの居間でソファーを長くして、ソファーベッドで少し寒く感じながら寝る。

（寝ながら考えたこと）はっきりした発音でものを話す人たちは、まず教養の高い人であると考えてよい。話し方で人は判断できるものだと思っていたが、発音、発声の仕方だけで判るものとはこれまで思ってはいなかった。このご夫婦には共通点は少ないと思われたが、それでもどこかで結びついているのかも知れない。タデ食う虫も好きずきということか、と私は生意気にも考えた。

翌朝は快晴で、七時半にガウディ氏の車でダウンタウンに行く。勤めに出るガウディ氏と別れて、アルコ・プラザのインフォメーションセンターに行ったら、まだ九時前で閉まっていて、歩いて裁判所の庭を抜け、市庁舎に行く。タワーに上り、ロスアンゼルスの街をみおろす。そこからミニバスに乗って、チャイナ・タウンまで行き、降りずにそのまま戻ってくる。ドイツ人旅行者の女性二人と出会い、この場所は危険だという情報を得る。

グレイハウンドの駐車場に一番近い場所でバスを降り、環境が悪いので、緊張しながら駐車場まで歩く。その時の私の恰好というのは、普通のジーンズにスニーカー、オレンジ色に薄手の半コートに袖まくりをして、茶色い大きめの鞄を肩から袈裟懸けにしていて、およそ外国人観光者には見えないものであった。駐車場のインフォメーションには相変わらず人がいなくて、チケット売り場のお兄さんも、あまりにも不親切でロングビーチからのバスの時刻がわからず、仕方なく門を出て、7thストリートを上って行く。

おもしろいことにこの通りは上がっていくに従って、同じ通りなのに品が良くなっていくのである。途中で一〇〇ドル札を小銭に換え、アルコ・プラザのインフォメーションに行くと、今度は猫なで声の中年のおじさんがいて、親切にバス乗り場も教えてくれ、地図もくれた。そこの地下のデリカットッ・エッセンでサラミソーセージ、パン、ココナッツミルクを買い、地下の端っこのベンチに腰かけて齧る。ここのビルで働いているような人々が多かった。

## サンタ・モニカからエルバソへ

一時過ぎにサンタ・モニカ行きのバスに乗り、ビバリーヒルズなどを過ぎる頃には、あまりに長いのでつい居眠りが出てしまう。一時間半くらいもかかって、サンタ・モニカに着く。適当にバスをおり、海辺へと向かう。天気が良いので、半身裸の人々が散歩していて、私はふと暑苦しい服装の自分を感じる。

時間があったので、プラプラと公園の方に出る。

きれいな公園なのに、浮浪者風の人たちがたむろしていて、こういうふうに洗練された現代都市からいきなり危険な場所にガラッと変わるので、気を付けなければいけない。

あるホテルの屋上までエレベーターで昇る。夕暮れの光の中でこの風景はなかなか美しい。水で囲んだようなカフェ・レストランで赤い照明に照らされて歌っているお姐さんがいた。

ガウディ氏、六時半頃迎えに来て、ぐったり疲れて帰る。

翌朝は七時に起こされ、ガウディ氏の車でまた昨日の危険なディーポに行き、ツーサン行きのバスに乗る。

しばらくは人家の多いハイウェイを行くが、そのうちに乾燥した感じになり、遠くに雪の山が見える。リバーサイドという、名前はつまらないが古いスペイン風の趣きがある建物がたくさんある街を通る。隣のよく喋るおばさんがそこで降り、ホッとする。

その後はずうっと乾いた土漠が続き、パームはなくなって、コロラド河を渡る頃にはサボテンが出てくる。

私は昨日一日じゅうロスアンゼルスでの一人歩きが効を奏してか、すっかり頭が切り替わって、一人旅の緊張した、しかも落ち着いた気分になっていた。前の席に座ったオーストラリア人夫婦の、腕に入れ墨のある初老のドスのきいた声の夫は、しきりに日本のことを褒めていた。

起伏のある沢を渡り、また平原になって、サボテンの砂漠を一日中行く。夕暮れ、柑橘類の茂みが車窓のすぐそばに迫り、南国風の風景が美しい。エルパソで泊まろうか迷ったが、結局、スルーすることにする。そのエルパソに朝の七時に着き、朝の街を散歩。

思ったより小奇麗な大きな街で、スペイン風の教会が建っていた。広場には、朝からブラブラしている人たちがいたが、それほど環境は悪くない。ディーポの裏側のシビックセンターはすごく近代的で噴水の音も清々《すがすが》しい。ディーポでコーヒーとカスタネードケーキを食べ、朝食とする。自動販売機にコインを入れたが出てこないと、クレームを付けに来た日本人の青年二人、上手く言葉が通じなくて、困っているので、少し手伝う。英語が上達して良かったな、と売り場のおばさんの笑顔を見て思う。

八時にエルパソを出発。西部劇風の岩山のある一直線道路を行く。昼頃から海軍で働いているという男が隣に座ってきたが、彼の英語は聞き取りにくかった。彼は頻りに日本のことを褒めた。察するに今の境遇に不満らしい。日本に行ったことのあるという運ちゃんと話す。日本はいい国だ、いい国だ、と繰り返していた。

西の空の真っ赤な夕暮れに旅情がわき、心寂しく思う。

夕暮れが迫ってくると、灌木が多くなり、すでに椰子もサボテンもとっくに見えなくなっていた。

## サンアントニオ

九時半にサンアントニオに着き、すぐ目の前のホテルへ。三〇ドル。バス付きだが、部屋は薄暗くこぎたない感じ。ヒューストンの人に電話を入れるが、留守番電話。頑張ってエスペラントで録音を入れる。

いったん横になるが、どうもシーツは汚く、他人の髪の毛などあり、思い切ってクレームする。するとホテルの人が来て部屋換え。新しい部屋はやや広く装飾なども感じの良い物で、ベッドも固くて良い。クレームを付けて良かったな、と思いつつ寝る。

翌三月一七日は九時半に起きて、アラモへ行く。まずインフォメーションセンターに行き、地図をもらい、一二時のツアーを予約してから、昨日から食べてなかったのでお腹が空いて、リヴァーウォークの出店でツナサンドを食べコカコーラを飲む。

一二時からバス・ツアー。新緑の非常に美しい田舎道をバスが行く。

小休止の間にサンジョゼの大きな修道院の中庭を眺め、青い花を付けたマウンテン・ローズの庭園を見て回る。教会の裏手に一人行くと、昔の水車小屋があり、その裏に草深い小さな野外シアターがあった。けぶったような春の日、花の匂い。日本の春に似た優しい春。両親にも見せたいなと思う。

名残りおしくその場を離れ、またバスに乗る。

サンアントニオ河は増水していて、最後の修道院には行けず、二時半に街に戻る。

## ロス・アラモス

その後、いよいよロス・アラモスへ。ここはメキシコ軍とテキサス軍が激突したところだ。アメリカ側はデヴィ・クロケットをはじめとする全員が戦死した。砦の中で無料の説明を聞く。しかし何でアメリカ兵だけがテキサスのヒーローなどとすごくもてはやされるのかな、と思う。虐殺された無名の人たちは他にたくさんいるのに、と反発を感じる。

再びインフォメーションセンターに行き、ミッション・コンセッションへの行き方を尋ねると二〇分おきのバスで四〇分かかり、五時に閉まってしまうという。急いで教えられた場所に行くが、９番バスというのは見当たらない。人にいろいろ聞いて一ブロック先の公園の角とわかる。それが三時四五分でバスは行ったばかりのようで、さんざ待ち、ようやく乗ったと思ったら、別の系統を通る９番！　公園のわきをずーっと走り、途中でここで乗り換えろと降ろされる。

待てども待てどもバスは来ず、タイムテーブルを見ると、五時過ぎまで来ないとある。頭にきて、タイムテーブルを張ってある柱を蹴飛ばしたりしていると、別のナンバーのバスが通りかかり、聞くと、そのバスも行くということで、乗る。四時四〇分に着き、小丘を駆け上って、四時四五分にようやっと、ミュージアムに入る。スペイン風の豪邸をミュージアムにしたようである。中に入ると、情報のように、洗練されたスペイン風の庭を巡って、バルコニーがあった。

中にある美術品は個人の収集にしては大したもので、印象派の絵画や聖書画など、けっこう良いものがあった。が何しろ時間がなく、駆け足で雰囲気のみ摑むために一応ざっと回る。マイヨールの作品がおいてあるサンルームに入ると、右手の扉近く、ピアノの音。おりしも夕陽が金欄とサンルームの黄色の大ガラスに輝き、夢のような世界を呈していた。

名残惜しく思いながら丘を下り、またバスに乗って今度は一度乗り換えたが、あまり待たずに三〇分ほどで街中に帰れた。

今朝見残したラ・ヴィラータの工房へ行き、はっとするような新緑の緑を楽しみつつ、ハイヤットホテルの河の流れを巧みに利用したモダンな建物を見て、今朝回ったリバー・ウォークのレストランが立ち並ぶところを通り、足を棒にして六時に帰る。

六時四五分発の長距離バスに乗るが、ヒューストンからのバスの中で運転手と黒人のお姉さんとの口喧嘩。バスの中では黒人さんが多く、頼るべき運転手がこんな感じで、なんだか心細い道行きである。五時頃、この運ちゃんが接触事故を起こし、調書を出さねばならないことになる。アイデンティティカードを出せとポリスに言われプロスチティチーシオンカードでいいかと後ろから声がかかり、ジョークかと思う。

## ニューオーリンズ

翌朝、この事故のため、遅れてニューオーリンズに着き、一五分ほど歩いてＹＭＣＡに入る。荷物を担いだせいか、疲れがドッと出て、一〇時頃まで部屋でボーッとしている。

一〇時に下に行き、朝食を取った後で、ＹＭＣＡ中のインフォメーションセンターで、午後のバスツアーに申し込む。

一時まで時間があるので、歩いてフレンチ・クォーターに行く。インフォメーションセンターに寄って地図をもらい、まずジャクソン広場へ。かなり観光的で、たくさんのツーリストがいた。フレンチ・バルコニーのある家々が並んでいた。広場ではジャズ演奏や手品などをやっている。フレンチ・マーケットの方を通る。かなり暑い。

割と機嫌よく人々の間をプラプラして、かつてこの場所に移動してきた種々の人種（先住民、フランス人、スペイン人、ドイツ人、アイルランド人、等々）の説明してあるインフォメーションに行く。

一時にロイヤルオルレアンの前でバスを待っていると、今朝YMCAにチェックインしたオーストラリア人の青年と出会う。この人（ニック）も同じツアーに申し込んだようだ。一時半から五時近くまで、バスツアー。ジャクソン広場で一時間も費やして、ぞろぞろと歩き、嫌になる。何となくこのツアーはゴージャスな他人の家見学、といった感じであった。その後フレンチ・クォーターを出て、エスプラナッド（古いフレンチ風の家家のある）を湖の方へ行き、公園の反対側を別の広場まで走る。オークの並木道の美しいオーデボンパークまで行き、動物園を見て後、市電の道をフレンチ・クォーターまで戻る。

オーストラリア人のニックとガイドブックにあった店、パチオでビールを飲む。五ドル。すっかり気持ちがよくなって、二人でジャズ演奏を聴こうとするも、一度あたった店は二七ドルと高くて駄目。結局ブルボン通りを行きつもどりつ散歩し、通りに面した店で生演奏しているのを外から聴いたりする。少年たちが小遣い稼ぎにダンスを踊っているのを見たり、ひったくりが道を逃げて行くのに出会ったりする。その他、手品師のおにいさん、Tシャツの店、ストリップ劇場、女性のシンガー、等々。

ニックの英語は聞き取りにくく、自分でも、俺の言葉はなぜかここではあんまり理解されない、とぼやいていた。

夜、シャワーを浴びる。共同で二つ付いていたが、カーテンは破れており、今朝のフロントのお姐さんおらず、人相の悪い男たちが三人ほどうろついていて、何だか怖くなり、部屋に帰ると、鍵を掛けて侘しい感じを耐える。フロリダとニューヨークに電話しなければならず、コインがたらず、ニューヨークのモニックにのみ電話を試みるがおらず、心焦る。

## 長距離バスの時刻表

翌朝は八時に起き、下のカフェで朝食をとり、モニックに電話すると、いた。ニックは私が電話している間に消えていたが、モニックと連絡がとれたので、ホクホク。

また、フレンチ・クォーターへ行き、かなり迷うが、結局一一時発の五時間のクルーズに申し込む。一一・五ドル。

天気の良い日で、甲板の椅子に座って、ボーッとして過ごした。途中、下におりてジャンバラヤを食べる。橋の下を潜ったりする。なかなかおもしろかったが、五時間は長すぎた。四時に町に戻り、ウールワースでチキンを半ピースを買って五時半にＹＭＣＡに帰る。その道は土曜の夕方で、ぱったり普通の人たちの行き交いが途絶え、怪しげな人たちが路上で焚き火をしたりしていて、かなり怖く感じる。行っても地獄、戻っても地獄、とはこのことか？

別の道路を通って、無事にその場をやり過ごし、夜は部屋に閉じこもって、これからのことを考える。八時半にフロリダのジョンソン氏（ルイストンのナンシー先生に教えられた人）に電話すると、「待っている」との返事。やはりナンシーが言っていたように、南部の人の明るい家庭なのかなと考える。夜中の二時頃、非常ベルが鳴ってとび起きるが、何事もなかった。

翌朝は七時半に起き、用意をしていると突然の大雨。それでも一時雨が止んだので、宿舎を出てバスディーポに行き、荷物を預ける。ロヨラ通りを抜けて、トレイドセンターへ行き、ヴューポイントに上る。まだ誰もいなくて、曇り空の下のニューオーリンズを眺める。

その後、プレヒストリーの博物館を訪れ、クレオールの人々の顔つきを興味深く見る。ジャクソン広場に行って、ウォークツアーに参加する。レインジャーのおにいさんがニューオーリンズの歴史を語るのを聞きながら、歩く。

一七〇〇年代の初めにフランス人がやってきた。その後スペイン人たちが来る。何とか言う成金の金持ちとその娘がこの広場をめぐる建物を立てた、云々。

一二時に終わって、途中のスーパーで買ったチーズ、ジュースなどを持ってバスディーポに向かう。

頭の悪そうなチケット売り場のおっちゃんにフォートピースの到着時刻を聞くと、さんざ調べてから、二時発のマイアミ行きのそのバスはフォートピースにはいかないという。タイムテーブルを見せてくれと言って自分で調べる。すると別のページにウエスト・パームビーチに同時刻に着くバスがのっており、マイアミへの到着時刻も同じで、そのバスにはフォートピースの時間が書いてある。私が東京でもらったタイムテーブルのやり方と同様、長い距離のバスでは小さなディーポは省いてあるのだ、と確信してそれを言うと、あんたはもうチケットを持っているのだから行ってみろと言われ、「オーケー」とタンカを切って、バス乗り場に向かう。

## ディーポのトイレなど

ニューオーリンズからモービルまで海岸端を走り、南部風のギャルリーのある家々を巡る。モービルを出発して長い橋を渡る。右側の夕陽、人々のシルエット、車窓のすぐ向こうには水が見えてきれい。

翌朝の八時にオーランドに着き、バスを乗り換える。(こういうところで働いている黒人の人たちは、愛想は悪いがなかなか正直である。バターを買おうとして、一一セントと言われ、一〇セントコインしかなかったら、何と返してくれた。)

トイレについて。いくつかの街のディーポのトイレは鍵がかかっていて、トークンを取りにいかねばならない。面倒だなと思っていたら、そこの壁には、「あなたの安全と安心のために、このドアは役にたつだろう」とか書かれてあって、「ははーん」と思った。ディーポのトイレはやはり危ないのである。鍵が掛かっていて、一〇セント入れなければならないトイレの横には、鍵のないトイレが二つあって、内側からもかからないのである。そういうトイレには後から来た人は、足の隙間から覗いて、中に人がいるかどうか見るのである。足の方はともかく、戸と壁の間にすごく隙間のあるトイレは結構多い。中がひどくよく見えてしまうのだ。

閑話休題。一二時にメルボルンという海辺にごく近いディーポに着き、三〇分ほど次のバスを待って二時にようやくノォートピースに着く。

ジョンソン氏に電話すると、二、三〇分して来てくれた。彼は大男で、大きな声で話し、人懐っこかった。道すがらフォートピースの知り合いの家をあちこち見ながら通り、ホテルにチェックイン。その後、彼の所有しているオレンジ園やグレープフルーツ園を回り、パッキング工場やミルク集約場に行く。広大な敷地にあるオレンジやグープフルーツを言われるままにたらふく食し、少しお腹が痛くなる。

ジョンソン氏の家の庭には、リスや七面鳥がいた。私はそこまで行ったのに、なぜ家に入れなかったのかを疑問に思ったが、たぶん奥さんと仲が悪いのだろうと、それほど深く考えなかった。後でホテルに戻ってから宿泊代と夕食代を払わなかったことをつくづく後悔し、明日お土産のタオルと四〇ドルを銀行の袋に入れて、支払おうと考える。その夜はきつい柑橘類の香りが鼻に残り、よく眠れなかった。

翌朝、ジョンソン氏が八時半に迎えに来て、トランクに荷物を積み、出発。マッゾーリという、花など出荷している野菜市場に行き、グラジオラスの花畑で記念写真。にんじん、グリーンオニオン、トマト、キャベツなどつくっている広い畑の間を走る。九時半過ぎに朝食。卵、薄いステーキ、トースト、カフェの朝食。二・五〇ドル。

フリーウェイを通って、マイアミへ。市内は素通りして、長い橋を渡り（両側に海、ヨットが見え、さすがに心弾む）、水族館へ。そこでイルカ、鯨の曲芸。

またフリーウェイを走って後、広々とした片側に小川のある道を行き、ホキチョビー湖に至る。湖畔のレストランで、キャットフィッシュ、クラムチャウダーを食し、六時過ぎに昨日のホテルに改めてチェックイン。なぁんだ、一日中、荷物をトランクに置いてあったのだが、あれはいったい何だったのだろう。夜、ワシントンDCの人に電話するが、またまた留守番電話。気が腐るが、仕方なく夜はテレビで体操競技を見る。

## フロリダ

八〇ドルの教訓。私はまさかここに来て一泊四〇ドルの所に泊まらせられるとは思わなかった。

ひるがえって考えるに、自分自身のけち臭さには、ゾッとなった。昨日決心して、袋にまで入れておいたお金を出さずに済んだことを、むしろホッとしたのではないか。そう思うと自責の念が湧き、いたたまれなくなった。しかし一方では、私のような貧乏旅行の若者が必要なのは、むしろただで寝泊まりできる場所で、案内はもちろんありがたかったが、ほうっておいてくれても良いのに、と考えたのだが、これはセルフィッシュな考えであろうか。

だいたい私は神経質なほど、くどくどと物事を考えるところがあって、気持ちもごく繊細なところがある反面、何だか性格に荒っぽいというか粗野な面があって、それが態度、物腰にありおり出てしまうようだ。私は気持ちが不安定な人間であって、すぐに不安になったり、気が騒いだりしてしまい、何かに気をとられるとそのことに拘泥し、ボォッとなってしまうことが多い。それに私は「恩知らず」だ。人の情けに応える、ということがない。等々、いろいろ考えているうちに、落ち込んでしまい、眠れなくなってしまった。

翌朝は七時出発ということで、頑張って起きたのに、七時過ぎに電話があって二、三〇分遅れるから、ということで、結局八時半に出発。フロリダで一番高い場所とかいうボック公園の海抜三〇〇フィートという所に上がる。

セミトロピカルな木が茂り、リスや小鳥がいて、ラジオからはチェンバロみたいなとてもきれいな音楽。

おじさんは片っ端からいろんな人々に話しかけて、あげくの果ては、「この女性は日本から来て……」と誰彼かまわず言っているのだから、閉口してしまう。

サイプレス・ガーデンに行き、水上スキーのショウを見る。イルカ、鯨のショウもそれなりに面白かったが、一回見ればもういいかなと思った。

散歩中にもおじさんの「どこから来た」癖はどんどんエスカレートして、あまつさえ「ここで写真を撮れ」「あそこがいいスポットだから撮れ」、観光客用にドレスを着たお姐さんが芝生に座っているのに遭遇すると、またまた声をかける。

帰りの車の中で私が黙りがちにしていたら、おじさんは心配になってきたらしく、金はあるのか、心配事でもあるのかとしつこく聞いてきた。

夕食はセルフサービスのなかなか良いカフェテリアで、日本に行ったことのあるボーイ、マイアミから来たウエートレスで、皆愛想が良い。

## ワシントンDC

その夜、夕方六時発のバスに乗って、フロリダを去る。バスは混んでいて、乗り心地が悪かった。夜中にぐっすり寝ていたら、どこかのおばさんにおこされて、見ると満員になっていた。

雨は雪に変わっていて、吹雪となる。アトランタに八時半に着く。いったん荷物をコインロッカーに入れ、顔を洗ったりコンタクトレンズを入れたりしてから、雪の中を歩き出すが、歩道はべちゃべちゃで瞬く間に靴は濡れ、ガスで方向もよくわからず、こんな日に出歩いているバカは私くらいしか見当たらない。それでもタクシーが近くに止まったので、地下鉄の駅に連れていってくれと頼むと、閉鎖だと言われた。

キング牧師の墓というのも郊外だし、それじゃ観る物ないじゃないかと諦めがつき、バス乗り場に戻り、一〇時半のバスに乗ってアトランタを去る。雪の国道を走るうちに、シャーロットあたりを過ぎてしばらくすると、雪はハタとやむ。雪を被ったオークなどの木々の夕暮れの厳しい美しさ、南部らしいポーチのある小ぎれいな家々、この道は小さい町まちを巡っていく感じでなかなか良かった。アメリカに来て夜行バスの夜はこれで六泊目である。

翌朝は四時にワシントンDCに着き、六時までバスディーポのベンチに座って暇を潰し、六時半になったので、目指すユースホステルへと向かうが、引っ越していた。仕方なくEBBISホテルという宿へ行く。三〇ドルと聞いて出そうになるが、受付のスラブ人らしいお兄さんに説得されて結局泊まることにする。その間、通りでずっこけて膝がしらを打つ。ジーンズも破ける。かなり疲れているようである。

翌朝は九時に出て、ホワイトハウスに行く。居並ぶ観光客を横目に見て、そこはパス。アメリカ史博物館へ行く。いろんなガラクタの寄せ集めという気がしたが、中には歴代大統領夫人のドレスのコレクションといったものもあり、なかなか興味深かった。

ツアー客にちゃっかり混じって説明を聞く。いつも思うことだが、こういう説明の人たちは実によく勉強していて、下手なツアーガイドよりもずっと説明がアカデミックである。

後、人類博物館へ。『Gene（性）』という部分が非常に面白かった。『骨』も印象に残った。国立美術館のモダンアートの建物をみて、中に入ると、近代的なガラス天井の感じが良い。ここは明日観ることにして、外に出ると、寒さは和らいでいて平和な光景。芝生で女の子たちがサッカーをしていた。

歩いてホテルに戻る。途中ハンバーガーとビールを買う。夜はゆっくり風呂に浸かり、鼻歌なんか歌う。テレビを見つつ、いい気分でビールを飲む。

翌朝は八時までゆっくり休んで、九時半に出て、ワシントンメモリアルまで行き、ミニバスに乗る。アーリントン墓地でお参り。ケネディ大統領の墓は学生のグループでいっぱいだった。バスでショッピングモールを横切り、ユニオンステーションを通って、キャピトルで降りる。観光客がものすごく多くてちょっとイライラ。

国会図書館に入る。国会の会議場も見る。歩いてスペースセンターへ。プラネタリウムを見るも、首痛く、居心地悪し。英語の説明よくわからん。良いと思ったのは、宇宙の歴史のところだけであった。

三時から五時まで国立美術館。やっぱりスペースセンターよりも落ち着く。その後、自然史博物館へ戻り、三〇分であったが、見残したイヌイットの住居を見る。

夕暮れの迫る中、帰りを急ぐ。人は少なくなり、暗くなってくる。リンカーンメモリアルの周りには、あんなにたくさんの観光客がいたのに、と思う。駅の隣のマーケット（レバノン人のおじさんがはたらいていた）でサンドウィッチ、サーディン、水、ビスケット、ヨーグルトなどを買い、ホテルに帰る。途中、「ユダヤ人がキリストを殺した」と書いたTシャツを着たおじさんに出会った。

翌朝、七時起きで朝食を済ませ、いったん外に出るが、眼がごろごろするので部屋に帰り、トイレに行ってから部屋に戻ろうとすると、黒人の男が私の部屋の前にいて（ちなみに私の部屋は一番奥）私を見ると、きびすを巡らせて電話の方に行き電話帳を開いていたが、あれは明らかに盗みの意図を持って私の部屋に近づいたとしか思われない。「気を付けなあかんぜ」と、私は私自身に言った。

## フィラデルフィア

八時にバスが出る。雨の中、あまりおもしろくもないハイウェイの道をボルチモアを通ってフィラデルフィアへ向かう。

一一時半、フィラデルフィア着。歩いてYWCAへ。開いていた。わりと混んでいるようだったが、一九ドルでシングルルームの鍵をくれる。部屋は壁がそっけなく、ちらっと見に監獄風だったが、広くて居心地が良さそうな感じであった。

お昼すぎにツーリストセンターに行くと、そこのおばさんがすごく親切にいろいろ資料をくれる。一時からのトロリーバスツアーに乗る。感じの良いよく喋るお姉さんの運転手。インディペンデンス・ホールを回り、病院その他の古い建物を見て、ヴァーモントパークの一七〇〇年代に建てられたリゾートハウスの一部を見て、三時に帰る。雨で少しつかれてもいたので、教えられた日本の食堂の位置を確かめてからＹＷＣＡに戻り、休む。

アメリカに来てから、知りもしなかった人々の所に上がり込んで、食ったり寝たりし、いろいろな所に英語とエスペラントで電話しなければならなかったりして、場数を踏み、たくましくなってきたなぁと思う。アメリカの公衆電話のシステムには泣かされてきたが、これほど電話を活用したことはなかった。

五時半に出て、チェスナッツ通りの日本レストランで、キリンビール、上寿司。一五ドルの散財。

フィラデルフィアは、これまでのアメリカの街と少し違って、一七、一八世紀の古い建物（コロニアル風、とガイドのお姉さんが言っていた）が多く見受けられ、人も親切な感じで、とても良い印象を受けた。

翌朝は、雨もようの中を午前中にインディペンデンスに行き、そこの無料のツアーに参加する。その後、別のインフォメーションセンターに行き、中流、上流、各二軒の家を三〇分ずつ見て回る無料のツアー。親切な黒人のお兄さんで、説明もとても良かった。

時間があったので、『サムライ』という日本レストランに入るが、これは外れ。変なインスタントラーメンに三ドルも払う。

## ニューヨーク

一時半に出発。隣のポエット（詩人）と自称するおばあさんの話を非常にいいかげんに相づちを打ちながら聞いて一時間半、三時過ぎに長ーいトンネルを潜ると、そこはもうニューヨークのど真ん中であった。

タクシーに乗る。最初のタクシーは値段を聞いたら答えないので乗らず、二番目はアラブ人で、アクセントのきつい人物。しかし正直そうな男であった。

モニックのアパートはすぐ見つかり、さっそく「ニューヨーク」を感じる。予め電話した通り、隣に住むスコットに鍵をもらって、留守中のモニックの部屋に入る。荷物をおいて外に出て見ると、何だかここら辺のたたずまいにパリを思い出す。２M、３Mアベニューなどをうろついて一時間半程歩き回ってから帰ると、さっき電話したN旅行社の新藤氏が来て、部屋でしばらく話す。彼は小柄で落ち着きはらっていて、一〇年もアメリカに住んでいるそうだ。

新藤氏が帰り、しばらくすると電話がかかってきて、モニックの友だちのブライアンとその友だちのアルゼンチン人のパブロと九時に近くのカフェで待ち合わせる。行ったら今日は貸し切りでもう閉めるところだと言う。事情を話したら待たせてくれて、タダでカプチーノを飲ませてくれる。粋な計らいであった。

待つうちに二人来て、三人でバーに行って、ビールを飲みながら、ニューヨーク、フランスのことなどを話す。

一〇時に帰り、荷物、書類などを整理して一二時に寝るが外がうるさくて明け方に目が覚める。やはり興奮気味か。

モニックは二時頃帰ってきて朝早く出ていってしまい、ろくに話せなかった。そのあいだに荷物を整理する。N旅行社の新藤氏に電話すると、一時間ほどして領収書と飛行計画を持って来てくれる。発券は直前にしか出ないとのこと。八万円ほど支払って、それらを受け取り、二人で一緒に出て、近くのイタリアン・レストランでアイスクリームを食べる。なかなか美味。新藤氏と別れて、五時過ぎにモニックが帰ってくる。彼女と話していると、今までの経験とまったく別の世界に生きているようで、何だかおかしかった。八時近く、新藤氏から電話があり、三人でタクシーに乗って、『フライデイ』という有名なハンバーガー屋に行き、物凄いボリュームのハンバーガーと赤ワインを食す。新藤氏の注文したマッシュルームサラダがおいしかった。

一〇時に帰ってまたバタンキュウ。

翌朝はモニックが起きたので、私も八時に起き、シャワーを浴びてから、お金の計算を時間をかけてゆっくりとする。一〇時頃出て、バス15番で23通りまで行き、エジソンスクエアガーデンからずっと5番通りを歩く。本屋に入ってトラベラーズ・チェックを換えようとするも、パスポートがなくて、駄目。なけなしの一〇ドルで『lets go Europe』を買うと、もう一ドルくらいしかなく、文なしでセントラルパークまで歩く。

良い天気。秋の好日の枯れ葉を踏みながら歩く。首の左が痛い。日本から持ってきた軟膏を付けて痛みはなくなったはずなのに、少し異常な痛さで首が後ろに回らず。疲れていったん部屋に戻り、二時に再び出て、三つ銀行を回って、やっと一〇〇ドルを換える。南側のハドソン河岸の散歩道。ベンチに座って、ボーッと対岸の木々と、空を映して青い河辺を眺めて、ルイストンの生活などを思い出す。後ろで自転車がぶんぶん通っているのが少し気になったが、水辺を見たかったので良かった。

翌日はメトロポリタン美術館に行く。ところが首がやけに痛く、頭痛もしてきて、集中できず。残念。

翌朝は出発の日。フランクフルトを往復して、三週間後にニューヨークに戻る。

# イランの滞在

一九九〇年、私はホメイニ政権下のイランをおとずれた。

ある映像記録会社の依頼である。その会社からは時々フランス語の翻訳をひき受けていた。女性のプロデューサーを一人で派遣しようとしていたのだが、一人では何かと不便であろうと二人で行くことにしたのだ。その白羽の矢が私に当たったということらしかった。私は二つ返事ですぐ引き受けた。当時の私は何か冒険的な仕事をしたがっていたのだ。

そんなわけで私はやや年下の女性プロデューサーと一緒にその年の夏、テヘランに旅立った。

## 「ウィ アー ジャパニーズ TVクルー」

テヘラン空港へ着くと、私たちを二人の現地の男性が待っていた。エビちゃん（長々しい名前であったので、私たちはこう呼ぶことにした）とホスローである。その後、一か月半の間、この四人で行動をともにすることになる。

ホテルに落ち着くと、まず観光庁に電話を掛ける。そこへ明日出かけて、まず許可証を取ってからのことである。私たちはハマムという公衆浴場を撮るという目的があった。着いた時は、ちょうどラマダンの最中である。旅行者は許容されているとのことだったが、そうおおっぴらに食べるわけにもいかないし、だいたい開いているレストランが見当たらない。勢いルームサービスということになった。

最初はお米などがあって物珍しく、おいしいと感じていたが、すぐに飽きてしまった。ホスローたちを明日九時ということで帰し、外出してマフラーを買った。私は地味な草色の、頭をすっぽりと包むマフラーにして、ビールなどを買い込む。女性プロデューサーも（「麻衣ちゃん」と言う名である）アルコールはイケるほうだった。私たちは割と気が合った。

翌日、観光庁を訪れると、若い官僚に慇懃無礼といった態度で受けごたえされる。まあやってみなさいよ、とかいわれる。連中にすれば、日本からわざわざ女性二人で来て、失敗するのは眼に見えている、といった感じか。私たちはそれにもめげず、次の日から猛ダッシュをした。次々と観光庁で手に入れたアドレスを巡る。しかしどこでもていよくことわられた。

一週間ほどして、あらかた回りつくしたが、戦果はゼロ、麻衣ちゃんはひどく落ち込んだが、私は割と平気だった。初めからこんな企画がすんなりといくはずがないと、心の奥で考えていた節があった。あまりにも無謀である。それでも麻衣ちゃんは気を取り直して、「ウィ　アージャパニーズ　TVクルー」と繰り返して、電話をかけ続けた。時には直接談判に行ったりもした。私はその熱意にほだされて、だんだん本気になっていった。

## 美しい古都イスパファン

三週間ほど何の成果もなく過ごした結果、私たちはホスローの招待を受けて、イスパファンに行くことにした。彼はテヘラン大学の四年生だったが、イスパファンの出身である。

「イスパファンは世界の半分」と称えられた古都で、テヘランの南三四〇キロに位置する。「薔薇の季節にイスパファンへわれと共にたれぞゆかん」とピエール・ロチの謡った、かの都である。美しいモスクなどが立ち並び、今も権勢を誇る。イマーム・モスク（王のモスク）などがある新市街のイマーム広場（王の広場）は、一六世紀以前に建設された旧市街と、サファヴィー朝の王アッバース一世が建設した新市街で構成される。その有名なイマーム・モスクなどがあるイマーム広場をみて回り、ホテルで荷物を降ろして、一休みした後、ホスローの親戚の家に行く。

この親戚たちはホメイニに心酔しているわけではなくて、心の底ではその存在を疎ましく思っているらしかった。それ故に女性である私たちをすんなり受け容れてくれたのであろう。

家に着くと、さっそく紅茶とバラの香りがする甘いケーキで持て成される。それらを食べて、寛いでいるうちに陽が陰ってくる。

丸天井の広い部屋に移り、しばらくすると、若い男性が出てきて、皆の中心に立ち、おもむろに歌を歌い始めた。それは不思議な感覚であった。青年は自分の声に心酔しているかのように、丸天井のまんなかに向かって、声を張り上げる。それは何だか天にむかっての祈りのようでもあり、私には心地良く感じられた。

歌は突然終わり、後には静寂が残された。

二泊して私たちはこの美しい街を去る。また五時間ほど土獏をドライブしてテヘランに戻った。

結局、二か月を費やして、このプロジェクトは失敗に終わった。麻衣ちゃんは次のプロジェクトのためにシドニーに行き、私は北京経由で日本へ帰った。

# あとがき

この本に収めた旅行記は、過去四〇年ほどに私が行なった、仕事以外の旅の記録である。一九七三年から一九七八年のあしかけ五年ほど、私は、フランス（ストラスブール）に留学生として住んだ。帰国してから東ヨーロッパをもう少し深く知りたいとの思いから興味を持ち、エスペラントを学んだ。エスペラントとは、ユダヤ人の眼科医ルドヴィコ・ザメンホフが一八八〇年代に創案した人工言語で、現在世界的に認知された言語である。

その他、ドイツ語、イタリア語、スペイン語、ロシア語、ブルガリア語などを学んだが、いずれも晩学、仕事が忙しくて挫折。しかし、エスペラントは私にとって比較的易しくて、日本エスペラント学会という所に通って、半年で電話で話せるくらいになった。おかげで、この旅行記にはエスペラントやフランス留学時の友人が旅の先々で登場している。

当時のメモが見つからず、しり切れトンボみたいになってしまった箇所もあるが、その点はお許しを願いたい。

最後に、本書の執筆にあたっては編集の長井治氏に大変お世話になった。改めて感謝申し上げる。また私の今いる介護施設の「あいらの杜篠ノ井駅前」の瀧澤敏之施設長はじめスタッフの皆さん、とりわけ理学療養士の酒井麻衣さんにはひとかたならぬお世話になった。深謝申し上げる。

二〇二〇年八月　新型コロナウイルスのリスクを避けるため、自粛最中の信州にて

松浦たか子

**松浦たか子**（まつうら・たかこ）

長野県に生まれる。
桐朋女子高等学校卒。
和光大学人文学部人間関係学科卒。
1974年　フランスのストラスブールに留学。
1977年　ストラスブール大学社会学部民族学科修士課程卒。
1978年　ストラスブール大学社会学部博士課程民族学専攻1年目（Diplôme d'Études Approfondies）修了。
1979年　帰国。ストラスブール留学中、現地で開催された体操競技の世界選手権大会で組織委員会から日本チームの世話役を依頼されたことが縁で、帰国後も日本体操協会から翻訳や通訳を依頼された（2005年まで）。この間の経験をもとに、2004年放送大学大学院（原ひろ子指導）で修士論文「新体操にみる芸術系スポーツの近代競技化」を執筆。
著　書　『新体操の光と影』（日本エディタースクール出版部、2008年）、『ストラスブール物語 1974–1979』（西田書店、2012年）など。

**一人旅《ひとりたび》の愉《たの》しみ**　**アフリカからイランまで**

2020年11月20日　初版第1刷発行

著　者　松浦たか子
装　幀　中山銀士
発行者　五十嵐美那子
発行所　生活思想社
〒162-0825
東京都新宿区神楽坂2-19　銀鈴会館506号
電話・FAX　03-5261-5931

---

DTP　冬眠舎 角谷剛　　印刷・製本　半七写真印刷工業株式会社

Printed in Japan　ISBN978-4-916112-31-6